別傻了！

經濟學很重要！

為了活下去必備的
88個經濟學關鍵詞

作者／韓佳宸

序
經濟學其實很簡單

　　經濟學，在常人眼裡是一門艱澀難懂、沉悶枯燥又高深的學問，除非研讀該科系的學生，少有年輕人在閒暇時主動去接觸這門學科，也不會有多少人視各類經濟學的書籍為自己熱愛的業餘讀物。更多年輕人關心的只是大學畢業後該如何就業、如何賺錢、如何找到一個好伴侶等等。殊不知，這些生活中的常見疑難問題，與「經濟」這門學問是息息相關的——從物價上漲到貨幣貶值，從房價高升到次貸危機，經濟學所涉及的就是與百姓最有利害關係的身邊事，就是你永遠也脫離不了的日常生活。

　　什麼是經濟學？通俗來說，它是一門幫助你思考的學問，有助於你做出更好的個人決策。經濟學研究的起點是人的本性，它研究的是人的行為和社會活動。正如英國文豪蕭伯納所說：「經濟學是一門使人生幸福的藝術。」中國著名經濟學家茅于軾先生也說過：「無論多深奧的理論，如果透徹地理解了它，必定可以還原為日常生活中的現象。」

　　現在的年輕人，剛走出象牙塔沒幾年，對社會還缺乏清晰的認識，多數人不是掙扎在複雜的人際關係中，就是在職場中歷盡艱辛，對於人生還沒有更理性的思考與認知，職場、房子和婚姻，是他們所面臨最主要的煩惱。許多人在莽莽撞撞、迷迷糊糊中就度過了人生中最重要的青年時代，其間會有許多的經驗教訓，也會遇到許多依然不解的困惑。

　　其實，我們的一生就是在以利益為前提，不斷地做出選擇中度過的。如果有一天你發現自己左右為難、無所適從時，這就說明你需要補充點經濟學知識了。只要你把經濟學學懂、學通了，所有的選擇與疑問都會有一個更為理性的解釋。

　　經濟學的特點就在於不逃避生活，無論你面臨怎樣的困境，它都會給你指出一條明路，一條利益相對最大的路。經濟學家薩繆森[1]說：「學經濟學並非要讓你變成天

1　　Paul A. Samuelson（1915～2009），美國經濟學家，1970 年榮獲諾貝爾經濟學獎。其著作《經濟學》是史上最暢銷的經濟學教科書。

才；但若不學經濟學，命運就很可能會與你格格不入。」年輕的朋友們，學習經濟學不是要去讀懂史迪格里茲[2]、薩繆森，不是為了學經濟學而去學經濟學，而是為了讓經濟學給予我們生活的啟發和人生的智慧。

那麼，年輕人該如何學習經濟學呢？相信大多數都苦於面對那些艱澀、深奧的經濟學讀物。基於這點，筆者創作了本書。它有別於市面上那些死板、教條的教材類書籍，也避開了圖表、公式之類煩瑣的經濟學工具，而是以生活中的所見所聞以及各種活潑生動的故事為切入點，用最簡單易懂、妙趣橫生的語言來解釋日常生活中的各種經濟學現象，以此引導大家來領略經濟學的魅力與智慧。筆者希望透過深入淺出的方式，讓大家在輕鬆的閱讀中搞懂經濟學。

在本書裡，你可以接觸到一些經濟學的基本原理以及很實用的經濟學知識。掌握了這些，你既可以做個精明的投資人，又可以做個明明白白的消費者；既可以讓自己在職場上呼風喚雨，又能成為交際圈的「紅人」……。總之，本書有利於你得心應手地運用生活中的「價值觀」，全方位經營自己的人生。

韓佳宸

2　　Joseph E. Stiglitz（1943～　），美國經濟學家。

目次

第 2 章　拆掉思維裡的牆／44
21 世紀你應該具備的經濟學思維

導讀

導讀 1
經濟學帝國主義

「經濟學帝國主義」一詞是 20 世紀 30 年代由紐西蘭經濟學家拉爾夫・蘇特（Ralph W. Souter）在一次經濟學討論會中提出的。所謂經濟學帝國主義，指的是用經濟學的思想和分析方法來研究、解釋其他社會科學所研究的問題。經濟學帝國主義不斷地超出自己的傳統領域，向其他學科領地進行帝國式擴張，也就是說，經濟學「侵略」了其他社會科學學科的傳統領地，當然這種侵略並不是異想天開式的湊熱鬧，而是真正分析出一些其他社會學科所沒有分析出來的東西，給人們新的視角、新的啟示。

例如，美國著名經濟學教授貝克[1]曾運用經濟學的分析方法，對人類生育行為和家庭進行研究；此後，越來越多的經濟學家喜歡嘗試用經濟學思維與工具來剖析愛情、婚姻等社會現象。

熊彼德[2]曾說：「騎士和詭辯論者的時代已經過去，代之而起的是經濟學家和管理學家的時代。」無獨有偶，新古典綜合派的薩繆森也說：「經濟學由於其獨特的方法論，必將侵入到其他社會科學領域並將君臨其上。」可見經濟學本身的帝國主義色彩就極為濃烈，且大有鶴立雞群之勢。也難怪，在所有的社會科學中，只有經濟學家是唯一被授予諾貝爾獎的社會科學家。這也就不難理解，經濟學在過去的幾十年裡，之所以能開疆拓土、攻城掠地、不可一世了。

從某種意義上說，凱因斯[3]算是最具有經濟學帝國主義色彩的人，雖然他本人並沒有進行過經濟學帝國主義式的侵略。但他曾給世人留下了這樣一句話，並深刻地影響著後來的經濟學家：「經濟學家和政治哲學家的思想，不論其對錯，都比一般人想像的要有力得多。實際上這個世界就是被這些思想統治著的。講求實際的人們以為自

1　Gary S. Becker（1930～2014），美國經濟學家，1992 年諾貝爾經濟學獎得主。
2　Joseph A. Schumpeter（1883～1950），奧地利政治經濟學家。
3　John M. Keynes（1883～1946），英國經濟學家，主張政府應積極扮演經濟舵手。

己能與所有精神世界中的影響絕緣，到頭來卻只是某位已故經濟學家的奴隸而已。」

回到具體事實，經濟學帝國主義在公共決策問題中，的確做出了獨一無二的貢獻。因為經濟學的任務之一就是研究人與人之間相互作用的關係，研究一個人追求利益最大化的行為是否會構成其他人追求自身利益的約束條件；然而每個人追求自身利益最大化的同時又必須把其他所有人追求利益最大化的行為當成自己的約束條件（資源的稀缺性）。因此，從這一點上說，只有經濟學能在「均衡」的前提下告訴大家，我們的利益最大化其實都是「條件極值」，即「不可能再大」。

為了達到這一均衡點，我們每一個人都要相互妥協，你占的好處太多，別人肯定不會坐以待斃，到頭來你的損失將會更大。比如在社會平等這件事上，以市場經濟為前提，一般的邏輯是只要機會均等、競爭合法、沒有特權與貪腐，那麼貧富差距的出現，就只能歸結為人們的先天差異、後天努力、機遇運氣等，具有不可避免的性質。但是，任何一個社會在任何一定時期的意識形態中，如果富人集團完全不考慮「社會貧富差距越來越大，會使社會關係越來越緊張」這個後果，拒不進行必要的收入轉移和扶弱濟貧，那麼，社會最終會陷入動亂以致內戰的狀態，這點從歷史上無數次的「工人暴動」就可以得到證實。這樣一來，富人致富的條件就會發生改變，以富人的觀點來看，也就是「不划算」。而富人如果能多繳一點稅用於社會福利，那麼在一定範圍內，對於他們的長遠利益來說，也會是「划算」的。當然，我們這裡說的是富人的「算計」，並不是指他們的善心，他們遠比我們懂得經濟學，並會巧妙運用。

在上述例子中，經濟學所提供給社會的「建議」並不是「拉一派打一派」，而是要告訴大家，收入極端不平等對大家沒什麼好處，我們不應該走任何極端，而是追求某種程度上的「可持續的均衡」，即帕雷托最適[4]。

經濟學帝國主義的概念最初僅是形容經濟學的擴張趨勢，以及應用的廣泛性，在人們說開後，這個詞讓一些人產生了誤解，認為它無所不能，或者是它在自吹無所不能。其實，經濟學根本不可能「包打天下」，不可能在所有問題上都幫你得出結論，就像是你愛吃甜的還是愛吃辣的，你喜歡這個人多一些還是喜歡那個人多一些，你愛

4　Pareto optimality，指在固定群體中，達到「無法再去改善某些人的境況，且不使任何一人受損」的理想資源分配狀態。

看書還是愛運動……。對於經濟學來說這些都只是你的個人偏好、價值觀，理論是無法幫你做決定的，畢竟人是有思想、有理性的。改變一個人的價值觀和行為選擇，那不是經濟學的使命。但是總有些人想要賦予經濟學更多的使命，想把改變人們的思想感情、道德觀也拉入經濟學的範疇，這就不是經濟學帝國主義了，而是真正意義上的「踩過界」、「跑到別人的田裡收菜」了。

有些學者認為，導致經濟學帝國主義化的最可能原因，就是經濟學家太多，而現今的經濟學又太過數學化，使得數學功底差的經濟學家對本學科望而卻步，所以更願意做一個經濟學帝國主義家，將觸角伸到其他學科，以便能更輕鬆地混碗飯吃。在這裡，我們沒有必要進行林林總總的反駁與辯論，只需明白最簡單的道理，即**經濟決定政治，政治決定人們的生活，而人們的生活又包括了各個方面**。明白了這個道理，經濟學帝國主義的存在是否成立，就明朗化了。

導讀 2
論《國富論》與中國

全世界幾乎所有學經濟的人，都在讀《國富論》。可以說，瞭解經濟學，首先就必須瞭解《國富論》。即使那些獲得諾貝爾經濟學獎的經濟學家們，也時常會拿起這本書，重溫那些經典的論述以及重要的觀點，以免在浩繁的數學模型與公式中迷失了方向。

《國富論》全名《國民財富的性質和原因的研究》，由政治經濟學古典學派的創立者亞當·斯密所撰寫並於 1776 年出版。在之後的 200 多年裡，該書先後贏得了無數榮譽，被奉為西方經濟學的「聖經」。英國歷史學家巴克爾（Henry T. Buckle）在其名著《英國文明史》中認為：「從最終效果來看，這也許是迄今最重要的書。」「這本書對人類幸福做出的貢獻，甚至超過了所有名垂青史的政治家和立法者所做貢獻的總和。」

其實回頭看看歷史，我們就會知道巴克爾對本書的讚揚一點也不誇張。《國富論》對於英國的貢獻遠比我們想像的要大得多。在《國富論》的理論指導下，英國成為世界工廠。為了實施自由貿易，英國用武力威脅的方式，迫使一個又一個國家打開了自己的大門，加拿大和波羅的海成為英國的林業生產基地，北美和俄國淪為英國的玉米基地，澳大利亞成為英國的農場，中國和印度為英國種植茶葉，南非的黃金流行於倫敦，祕魯為英國送來白銀，全世界最終形成一個以英國為核心的商業貿易圈。而這個貿易圈為英國帶來的絕非僅僅是經濟利益。1815 年，英國威靈頓公爵於滑鐵盧擊敗拿破崙，當時震驚了整個世界。後來一些有識之士發現，就英法兩國的軍事實力而言，英國反而稍遜一籌，而就市場經濟而言，英國卻遠比法國發達。因此，從某種意義上說，是亞當·斯密的《國富論》宣導的市場經濟戰勝了拿破崙，而非大不列顛軍隊。

《國富論》全書共分為五卷，具體內容如下：第一卷，分析形成以及改善勞動力生產能力的原因，分析國民財富分配的原則；第二卷，討論資本的性質、積累方式，分析對勞動力數量的需求取決於工作的性質；第三卷，介紹造成當時比較普遍的重視

城市工商業、輕視農業的原因；第四卷，列舉和分析不同國家在不同階段的各種經濟理論；第五卷，分析國家收入的使用方式，是為全民還是只為少數人服務，如果為全民服務有多少種開支專案，各有什麼優缺點；為什麼當代政府都有赤字和國債，這些赤字和國債對真實財富的影響等。

在這裡，我們只重點敍述第一卷有關中國的部分。在第一卷第八章〈論勞動工資〉中，亞當・斯密指出一國不管多麼富有，如果長期處於停滯狀態，就不會有較高的工資。其中，他以中國為例來説明這一點：「中國向來是世界上最富有的國家，就是説，土地最肥沃、耕作最精細、人民最多而且最勤勉的國家。然而，許久以來，它似乎就停滯於靜止狀態了。今日旅行家關於中國耕作、勤勞及人口稠密狀況的報告，與 500 年前造訪該國的馬可・波羅的記述比較，幾乎沒有什麼區別。也許在馬可・波羅時代，中國的財富就已完全達到了該國法律制度允許的發展程度。各旅行家的報告，雖有許多相互矛盾的地方，但關於中國勞動工資低廉和勞動者難於贍養家屬的記述，則眾口一詞。中國耕作者終日勞作，所得微薄酬勞能夠買少量的稻米，他就滿足了。技工的狀況就更加惡劣了，歐洲技工總是漫無所事，悠閒自在地在自己的工廠內等候顧客，中國技工卻都是攜帶器具，為乞求工作而不斷在街市東奔西走。中國下層人民的貧困程度，遠遠超過了歐洲最貧乏國民的貧困程度。據説，在廣州附近，有數千戶人家，沒有居住在陸地上，只能住在河面的小漁船中。因為食物缺乏，這些人往往爭搶歐洲來的船舶投棄於船外的汙穢廢物、腐爛的動物屍體，例如死貓或死狗，縱使一半爛掉並發臭，也會像得到衛生食品這麼高興……。不過，中國雖可能處於靜止狀態，但似乎還未曾退步。那裡，並沒有被居民遺棄的都市，也沒有任其荒蕪的耕地。每年被雇用的勞動力仍是不變，或幾乎不變，因此，指定用來維持勞動的資金也沒有明顯減少。所以，最下層勞動者的日用品雖然很缺乏，但還能勉強維持下去，其階級保持著原有的人數。」

《國富論》中所提到的中國大約正處在清朝乾隆中期以前。儘管亞當・斯密沒來過中國，但他對中國的觀察與分析是正確的。尤其應該指出的是，當時歐洲的許多傳教士和旅行者對中國的觀察都有不少誤傳。然而，亞當・斯密卻在這些比較偏頗的資料中做出了自己獨到的判斷，可以説亞當・斯密對中國問題的論述遠遠高於這些人，這正是大師的過人之處。

在分析過程中，亞當・斯密抓住了當時中國封建社會最本質的特徵，即長期停

滯。可以說，中國是世界史上停滯時間最長的國家。它有廣闊的土地，便利的交通和勤勞的人民，早就達到了封建制度的繁榮階段。早在漢朝，中國就已經成為了強盛的大國，但自此以後的進步卻越來越小。據一位美國經濟學家估算，中國從西漢時期到1952 年，每人平均收入僅增加了兩成。就像一個早熟的孩子，早期發育得過快，後期卻再也長不大了。有些學者把中國定義為「超穩定社會」也正是因為這種停滯性。中國社會的這種特點是理解中國近現代問題的關鍵，即中國艱難的現代化歷程的複雜性與曲折性正來自於這種長期停滯，以及由此而形成的頑固保守意識。

　　亞當・斯密在《國富論》中對中國的論述並不算多，但卻很精闢，隻言片語就點到了要害之處。其思想領先我們 200 多年。可惜的是，那時的學者並沒有注意到這個問題。其實**在這個世界上，不是經濟落後要挨打，而是觀念落後才會挨打，因為沒有觀念的創新就不會有經濟的強大。**

導讀 3
別看錯了世界

　　不少人都認為經濟學是一門「沉悶的科學」。這個並不怎麼好聽的外號也反映出普通讀者對經濟學的基本印象：採用了大量的數學與統計工具，論證與演繹過程過於抽象化、理性化，很少有具體的描述、情感的介入以及價值的判斷，整個學科猶如籠罩著一抹陰鬱的灰色，彰顯著它的嚴肅與權威，讓人望之卻步。

　　其實，經濟學並非如此，它遠比我們想像中的更加生活化、人性化。之所以這麼說，是因為它無時無刻不存在於日常生活中。為什麼房價居高不下？為什麼黃牛揮之不去？為什麼女人也會養男人？為什麼「剩女」不結婚……。我們的生活中存在著無數個這樣的「為什麼」，這些都可以用經濟學的原理來解釋；但是我們從未嘗試用經濟學來解釋這一切。要知道，經濟學並不是冗長的公式、枯燥的定理、煩瑣的分析，它的存在是基於我們對現實的思考。也許經濟學並不能告訴你所有問題的答案，但如果你能以經濟學的角度來觀察這個世界，你就會發現世界並非如此。因此，這就需要我們要懂一些經濟學，別把世界看錯了。

　　「飛鳥盡，良弓藏」，在中華幾千年的歷史上，周而復始地上演著這齣悲劇。整個歷史看似陷入一個怪圈，無論你如何掙扎，終究不能走出這個迴圈。如果你認為這僅是個歷史問題，那麼你就錯了。因為每朝每代都發生了此類事情，因此從邏輯上來說，這不應該是某個皇帝的個人素質問題。那麼，我們不妨用經濟學的理性思維來分析一下歷史現象。其實，功臣先天上就是「有罪」的，誰讓他們有能力造反呢？用經濟學的語言來說，就是功臣們的資產才造成了他們的悲劇，除了官位、財產和兵權這些有形資產外，他們還有著不可與肉體分離的才幹、威望以及勢力集團這些無形資產。功臣們放棄了官位，捨棄了財產，交出了兵權，但那些無形資產卻無法一起上繳。正如可口可樂前總裁羅伯特‧伍德拉夫（Robert W. Woodruff）斷言，即使可口可樂所有的工廠都被毀，可口可樂憑藉著自己的無形資產也同樣能東山再起，這兩者的道理是一樣的。

　　經濟學看人看世界，無一物是沒有價格的。寶貴者如生命，珍貴者如愛情，都有

價格，既然有價格就可以拿來分析。如果你覺得幾千年前的歷史距現今太遙遠了，那麼，現在就從我們的身邊說起，比如愛情。

　　戀愛時的如膠似漆，不僅僅取決於新鮮感（邊際效應總是從最高值開始遞減，最高值即新鮮感），更是出於競爭的需要。你若是作為「賣家」，就必須要具備「保值升值」的潛力、「待價而沽」的資本以及其他「賣家」所沒有的差異化服務。在多數情況下，「買主」的選擇餘地都會比較大，不存在「只此一家，別無分店」的情況。因此，你必須小心翼翼，謹慎以待，衡量著每一句話，斟酌每一次的約會行動，因為它們很可能決定了你整個戀愛的成敗。

　　為了讓自己受到青睞，或是能夠在眾多覬覦者中得到心儀的那個人，作為「賣家」的你，必須充分提高自己的「品質」，不斷完善自己，增強自身的競爭力，千方百計地討好「買主」，或是不計成本地和情敵「血拚」。燭光晚餐、鑽石傾情、花海戰略……種種促銷手段全部用上，最終，「買主」在「物有所值」的利誘下，「賣家」在修成正果的欣喜中，「交易」順利完成，雙方洋溢著滿足與幸福，兩個人告別了愛情的自由市場，牽手共赴婚姻的圍城，即壟斷。

　　當然，這並不意味著競爭的徹底消失，因為，從嚴格意義上講，婚姻只是一種介於完全競爭和完全壟斷之間的壟斷競爭。也就是說，其他人也會參加競爭，你雖是「霸主」，但卻並非是永久的。競爭者能夠提供不同質的產品和服務，而消費者（配偶）也可以重新做出選擇。當然，這種競爭並不是平等的，因為有壁壘的存在，即結婚證書保護了你對婚姻的各項權利及收益，同時也限制了其他競爭者「進入」，因此，這種消費並不是自由的。

　　在這個世界中存在著很多假象，對此，人們很多時候總是表示深深的懷疑。不知道是世界欺騙了自己，還是自己的眼睛欺騙了自己。其實，在那些看似荒謬、沒道理的現象背後，都是經濟學在作怪。只要我們用經濟學的眼光來考量我們的生活，對社會上的各種現象進行歸納分析，就會發現，並非是世界欺騙了我們，而是我們看錯了世界。

導讀 4
別被經濟學家們「呼嚨」了

這幾年來，有人極力鼓吹國營事業民營化或私有化，甚至提出「零收購」[1]，說國營事業底子不好，就像冰棒一樣會逐漸融化掉，與其自己融化光了，還不如送給大老闆們，這就是流行一時的「冰棒理論」。可以說該理論的本質就是掠奪國有資產。如果按照這套體系做下去，除了增添了一些新貴外，幾乎沒有給工人和百姓帶來任何實質的收益，相反還會使他們成為受害者，那麼他們的失業就沒有任何意義了。

其次，在股市上，大凡出現哪個分析師的點評，他們評得越好、越多，該股就虧得越慘，於是「馬後炮」成了分析師們走不出的怪圈。為了拿某機構出於炒作而違規運作的錢來遭人白眼，何必呢？當然，遭人白眼的地方還不止這一個。譬如有人提議說，只有讓火車票漲價才能緩解春節鐵路運輸壓力，結果票價漲了，但民眾仍遵循老祖宗的規矩，過年就得一家人團聚，該回家的還是要回家，運輸壓力並無緩和，除了讓相關部門賺一筆，國人折騰一通外，這個提議基本上別無他用。

再來，現在有些具名氣的經濟學家，都把自己當成了明星，哪裡有開發，哪裡有慶典，哪裡有大理財平台，哪裡便能看到他們的身影。中國並不是沒有真正意義上的經濟學家，而是偽經濟學家太多了。他們的行為，就像是給行人指路，卻指了個死胡同。勞民傷財不說，最怕的是，偏偏有些人還有「不見棺材不掉淚」的精神。經濟學家們想要保住自己的飯碗並創造收入，我們能夠理解，但這並不意味著他們就可以逃脫承擔責任和良心的拷問。

基於以上幾點，我們學點經濟學也變得尤為重要。鄙人學識有限，不求讀者能夠因本書而一夜成才，僅希望可以給讀者一個全新的角度來重新理解生活。當你有了一定的經濟理論基礎、能夠看穿事物的假象之後，任何偽科學在你面前都會無所遁形。

1 　也稱零資產收購，被收購方的淨資產總和為零或負，收購方不出錢（或僅出極少、象徵性的錢）。

第 1 章　生活離不開經濟學

生活中不可不知的十大經濟學原理

1 選擇
我們要大炮還是要奶油

《拉封丹寓言》中有一隻非常有名的布里丹之驢，牠在面對兩捆乾草時不知該吃哪一捆才好，最後竟然餓死了。現實中，布里丹之驢面臨的問題，正是經濟學家所説的──選擇。

「選擇」作為經濟學十大原理之首，即使從未學過經濟的人也會對它深有體會。可以説，在經濟學中所有問題的本源，歸根究底都需要權衡取捨。而**學習、研究經濟學的意義，也正是在於幫助人們在權衡取捨中選擇最佳的方案**。

人的欲望無限，但用於滿足欲望的資源卻是有限的，所以，決定用哪些資源去滿足哪些欲望，便是我們時時刻刻都要面臨的問題。這是個資源配置的問題，也是一個選擇的過程。資源配置的實質就是權衡取捨，即在取捨之間得到最大的利益。

生活中，權衡取捨的情況與人們息息相關，隨處可見。每個人都會面臨各種不同的選擇，所以説，生活就是一個不斷權衡取捨的過程。就像早餐吃油條還是包子；下班要回家收拾屋子還是出去玩；逛街時看中了兩件衣服，到底買哪一件才好；是買房還是投資；大學畢業了，是工作還是繼續深造；兩個男人都很喜歡你，你是選擇有財的，還是選擇有才的……，由此可見，我們時時刻刻都在權衡著取捨。

做出選擇、權衡取捨的第一課，便是要明白「天下沒有白吃的午餐」。有時為了得到我們想要的一件東西，就不得不放棄另一件自己所愛的東西。做出決策其實就是要求我們在一個目標與另一個目標之間有所取捨。

當然，選擇也並非總是局限於生活瑣事，在國際社會上也同樣面臨著各種不同的選擇。最經典的便是要「奶油」還是要「大炮」，當一個國家把更多的錢投入到了國防（大炮）中以保衛自己的國土免受外國入侵時，改善人們生活水準的消費部分（奶油）勢必會減少。

在現代社會裡，類似的選擇還有經濟與環境之間的關係。要求企業減少汙染，必然會增加生產成本與勞務成本。由於成本上升了，企業的利潤就減少了，支付的工資便會降低，產品的價格也會上升，結果很可能是這三種情況的賽局。因此，儘管汙染

管制、實施環保能夠更好地改善我們的環境、提高健康水準，但其代價卻是企業所有者、工人和消費者的收入減少。為此，國家正在實施對企業環保專案的投資支援。

比如說，作為學生必須知道如何分配自己寶貴的學習時間。他可以把所有的時間都用於鑽研經濟學，也可以把所有的時間都用於學習物理學，還可以把時間平均分配在這兩個學科上。為此，他付出一小時學習某一門課，就必須放棄本來可以學習另一門課的一小時。而且，對於他用於學習的每一個小時，他都不得不放棄本來可用於睡覺、上網、看電視或打工賺點零用錢的時間。在決定如何使用家庭收入時，也同樣面臨取捨，夫妻二人可以買衣服、逛街、度假或者為孩子的教育儲蓄一部分收入。但當他們選擇把額外的錢用於一種物品時，那在其他物品上就要少花錢。

再來說說中國福利保障政策中的分配問題。某些政策，諸如福利制度或失業保障，最終目的是幫助那些需要幫助的社會成員。另一些政策，例如個人所得稅，是要求經濟收入水準較高的人士對政府的支持要比其他人更多。雖然這些政策對實現更深層次的平等有好處，但它以降低效率、打擊人們的工作積極性為代價。當政府把富人的經濟收入再次分配給窮人時，就減少了對辛勤勞動的獎勵。結果人們的工作效率降低了，生產的物品與勞務也隨之減少。換句話說，就是當政府想要把經濟蛋糕切得更為平均時，這塊蛋糕也就變小了。在經濟發展方面，效率與公平是一對典型的矛盾。要效率就得犧牲點公平，就像改革開放 30 幾年來，中國一直以效率優先，結果經濟的確發展得不錯，但是貧富差距卻越來越大，有些人難免就覺得有失公平。還有建設廉租房、經濟適用房也是重公平、輕效率。對以上問題的取捨和平衡只能看哪一個問題表現得更為突出、更為急迫。

明白經濟學中的選擇性，能夠幫助人們更好地理解，在什麼樣的情況下應該做出什麼樣的選擇。一個學生不應該用全部時間來學習經濟學而放棄物理學，政府也不應該只為控制環境保護而降低了我們的物質生活水準，國家也不應該僅僅為了公平而扭曲了工作激勵制度。

因為資源的稀缺性和有限性，人們對資源的用途必須做出合理的選擇。經濟學並不是直接教你怎樣去賺錢，而是要教會你如何運用賽局的思維進行取捨、選擇，選擇對了，也就自然賺到錢了。

2 貿易
靠什麼構建美好生活

　　如今在這個世界上，貿易可謂無處不在。當你端起茶杯、翻開報紙時，貿易就已經存在了。人們身邊很多美好事物都是貿易所給予的。可以說，貿易使每個人的生活狀況變得更好。

　　貿易，是自願的貨品或服務交換。貿易也被稱為商業。最原始的貿易形式是以物易物，即直接交換貨品或服務。現代的貿易則普遍以一種媒介來討價還價，如金錢。金錢及非實體金錢大大簡化和促進了貿易。兩個貿易者之間的貿易稱為雙邊貿易，多於兩個貿易者的則稱為多邊貿易。貿易出現的原因眾多，由於勞動力的專門化，個體只會從事一個小範圍的工作，所以他們必須以貿易來獲取生活用品。

　　隨著電腦網路的普及，電子商務飛速發展，「網購」已經由時尚轉變為一種生活習慣。由此，人們的貿易活動也更加頻繁、便捷了。可以說，在這個地球村中，幾乎人人都與貿易發生著直接或間接的關係。

　　下面，我們不妨先來看看人們一天的生活。

　　清晨，你一覺醒來，身上蓋著由山東生產的棉花而在溫州縫製的棉被；洗漱完畢，便收到了由東北林場的樹木製造的紙而在北京印刷的早報；來到餐桌前，喝上一杯由巴西產出的咖啡豆而在中國加工的咖啡；一切整理完畢，開上一輛由多個國家各自生產的配件組裝成的汽車去上班。午休時間，打開在美國拍攝製作又賣到中國來的好萊塢大片觀看；看完了，又透過中國的網路服務來瀏覽全球各地的新聞。晚上下班，公司聚會，大家去了一家中國人投資而由法國人主廚的法國餐廳；又喝了幾瓶由西班牙人生產而在中國販售的紅酒……。

　　這樣的一天似乎充滿著情趣與浪漫，而構建這一美好生活基礎的，正是貿易。一個人從早到晚，甚至連睡覺的時候都不可能離開貿易。人們穿的衣服、消費的生活用品等，都隱藏著由合作而產生的貿易經濟。

　　對於這一經濟概念，我們不妨講個故事來更好地理解——養牛人和農夫都很喜歡吃馬鈴薯和牛肉。假設他們每週都工作 40 小時，那麼就會有兩種情況：

第一種

養牛人和農夫都是既生產馬鈴薯又生產牛肉。養牛人平均生產 1 斤牛肉的時間是 1 小時，生產 1 斤馬鈴薯的時間是 40 分鐘；而農夫平均生產 1 斤牛肉的時間是 2 小時，生產 1 斤馬鈴薯的時間是 20 分鐘。那麼，在 40 小時後，養牛人所得的牛肉為 40 斤，馬鈴薯為 60 斤；農夫所得牛肉為 20 斤，馬鈴薯為 120 斤。

第二種

農夫和養牛人都各自在擅長的領域從事生產，農夫生產馬鈴薯，養牛人生產牛肉。結果，他們各自的效率都提升了，養牛人生產 1 斤牛肉只需 30 分鐘，農夫生產 1 斤馬鈴薯也只需 10 分鐘。也就是說，40 小時之後，養牛人可以獲得 80 斤牛肉，農夫可以獲得 240 斤馬鈴薯。

也許有人會認為第一種情況更好一些，每個人都能同時得到牛肉和馬鈴薯。其實不然，因為不要忘了「貿易」的存在。如果說 1 斤牛肉可以換得 4 斤馬鈴薯，那麼，養牛人拿出 20 斤牛肉就可換得 80 斤馬鈴薯，而自己還剩 60 斤牛肉，從而最後得到了 60 斤牛肉、80 斤馬鈴薯，而農夫也通過貿易得到了 20 斤牛肉、160 斤馬鈴薯。

如果繼續這個模式，養牛人和農夫便都可以在自己最擅長的領域從事生產，再也不用分心去研究自己不懂的了。如此專心致志地生產一種產品，不僅能使效率提高，產品的品質也將得到提高。這種分工合作還有一個最大好處，就是他們各自的生產成本都降低了。總而言之，貿易會使人得到更多，生活也會更加豐富。

人與人之間存在著個體的差異，每個人都有自己擅長的地方，而且每個人都會有自己特殊的做事方法。貿易使大家的成果能夠互相交換、共用，不必親自去生產，卻能從別人那裡得到自己需要的東西。這遠比孤立生產、各自為戰要科學合理得多。就像是一部電腦，主機板是由韓國生產的、CPU 是由美國提供的、最後的組裝是在中國完成的……。這其中，貿易經濟使各國的優勢都發揮到了極致。

貿易會使我們的生活變得更加豐富多彩，因此當你盡情享受生活的樂趣時，請不要忘記美好生活的背後，都是貿易在發生著作用。我們不妨細心觀察一下，計算一下在我們一天的生活中存在著多少貿易，自己又參與了多少貿易活動。掌握好這條經濟學原理，我們的生活必將會變得更加美好。

3 激勵
哥倫布航行的動力何在

　　1492 年，人類歷史上發生了一件重大事件，那就是哥倫布發現美洲大陸。哥倫布的環球之行可謂來之不易。此前，他只不過是一個出身卑微、默默無聞的水手，唯一值得驕傲的就是胸懷當航海家的豪情壯志，及其為世人所嘲笑的「白日夢」──改變當時世人所公認的從葡萄牙繞過非洲前往印度的路線。

　　為了實現自己的夢想，從 1484 年開始，哥倫布就向西班牙國王提出了這個聽起來很瘋狂的想法。之後的 8 年，哥倫布一直在做「公關」。直至 1492 年，在西班牙王后的大力支持下，西班牙國王才同意讓哥倫布實施這一計畫。同年 8 月，41 歲的哥倫布期待已久的一刻終於到來了，他帶領 120 人分別乘 3 艘小船離開了西班牙，開始向西環球航行。

　　1492 年 10 月 12 日，經過一個多月的航行，他們終於登上了巴哈馬群島，當時他將它命名為聖薩爾瓦多島。後來，哥倫布又曾先後 3 次航行到美洲沿岸，進行了實地考察，他成為西方歷史上第一個發現美洲新大陸的人。哥倫布的航海掀開了一個新時代，他為此付出了巨大的代價。人們不禁會問，哥倫布如此大的動力是從哪裡來的呢？

　　事實上，哥倫布並不是完全無私地完成這項「壯舉」的。8 年的努力，在最後成功的那一刻，哥倫布提出了自己的「條件」，他和西班牙國王與王后簽訂了一份契約：「國王對哥倫布發現的新大陸擁有宗主權，條件是哥倫布被封為貴族暨大西洋海軍元帥，並被承諾擔任未來所發現的島嶼和陸地的總督，這些頭銜也都將世襲。新發現土地上任何產品的 10% 都歸哥倫布所有，他也可以參與新土地上所有的商業活動，投資和利潤占總額的 1/8。而他對前往新大陸經商的船隻可以徵收 10% 的稅，對自己運往西班牙的貨物實行免稅。」

　　這種利益的刺激便是經濟學中的「激勵」，透過激勵，使得哥倫布整整付出了 8 年的時間。明白了這其中的緣由，我們回過頭再來分析，哥倫布的所作所為是絕對值得的，它所帶來的利益是之前人們無法想像的。同樣，在 1519 年麥哲倫航海探險

計畫開始進行時，西班牙國王也承諾從新發現的領土中撥出 5% 賞賜給麥哲倫，並允許其參與未來的土地開發、商品的買賣。由此可以看出，遠航探險不僅可以帶來榮譽，更可以發家致富。

這種在利益刺激之下的契約，使歐洲航海探險事業迅速地發展起來，他們從一開始就注重對每一次新發現的發布與記載。每當他們發現一塊新的陸地、一座新的島嶼，就給予命名，並將其劃入本國的版圖內。但是，反過來看中國的鄭和下西洋，在 1405 到 1433 年這段時間裡，鄭和所指揮的龐大船隊，7 次英雄式的遠航，足跡遍及中國周邊海域與印度洋，從台灣到波斯灣，並遠至中國人心目中遍地是黃金的非洲。在當時，世界版圖的一半似乎在中國的掌握之中了，加上一支無敵的海軍艦隊，如果中國想的話，另外一半似乎也不難成為中國的勢力範圍。

但是，問題的關鍵就在於鄭和出行前並未與皇帝訂立合約，在中國傳統的封建思想之下，國家的一切都是屬於皇帝的，所以，理所當然鄭和及其一切航海船隻均屬於皇帝個人所有，這純屬一次政治性的私人出巡。因此他不可能發現新大陸，世界經濟史上只有哥倫布，卻不可能有鄭和，儘管後者下西洋的規模可謂前所未有。

其實在市場經濟中也一樣，經濟利益才是其他利益的基礎和先導。只有預期收益足夠誘人，才有可能創造出驚天動地的業績。無論是對個人來說還是對國家來說，只有所採取的行為符合「邊際利益大於邊際成本」的經濟法則之時，才有可能帶來源源不斷的財富，而這樣的行為也才是最符合經濟原則的行為。

4 邊際效用
為什麼人生無法「如初見」

被視為美國歷史上最偉大總統之一的羅斯福（Franklin D. Roosevelt），是 20 世紀最受美國民眾期望和愛戴的總統，也是美國歷史上唯一一位連任四屆的總統。在羅斯福第三次連任之後，曾有記者問他有何感想，他一言不發，只是拿出了一塊三明治讓記者吃，記者高興地吃完了，他又拿出第二塊，記者勉強吃了下去，沒想到他緊接著又拿出了第三塊，記者見狀趕緊婉言謝絕，這時羅斯福笑著說：「現在你知道我連任三屆總統的滋味了吧。」

這個現象就是經濟學中所說的邊際效用遞減。要瞭解這個規律，我們首先要瞭解一下「邊際效用」。在經濟學中，效用是指商品滿足人的欲望的能力，或者說，效用是指消費者在消費商品時所感受到的滿足程度。邊際效用指的是在一定時間內消費者增加一個單位商品或服務所帶來的新增效用，也就是總效用的增量。邊際效用遞減的具體概念為：一個人連續消費某種物品時，隨著所消費的該物品的數量增加，其總效用雖然相應增加，但物品的邊際效用有遞減的趨勢。在上面那個吃三明治的例子中，記者在吃第一塊三明治的時候很高興，第二塊就有些勉強，第三塊便斷然謝絕了。可見，記者的滿足程度是越來越低的，這就是邊際效用遞減的具體表現。

英國著名的法學家邊沁（Jeremy Bentham）曾經說過，一個人占有的財產越多，他從增加的財產上所獲得的幸福就越少。如果我們用貨幣來衡量，邊際效應遞減就表現為：給某人一定量的貨幣，會相應地引起一定量的快樂，再給他同等量的貨幣，他的快樂量雖然會增加，但第二次增加的快樂量並不能達到第一次的一倍。雖然這種功利主義思想並不為人們所認同，但卻直接啟發了後來邊際效用理論的構建，而根據該理論所建立的主觀主義價值論，已成為經濟學大廈中不可或缺的一塊基石。

舉個例子來說，在生活中面對我們嚮往的事物，第一次接觸到該事物時情緒變化最為強烈，第二次接觸的時候就會淡一些，第三次會更淡……，這樣下去，我們接觸該事物的次數越多，我們的情感表現就越為淡漠，逐漸趨向乏味。用經濟學術語來說就是：「某人在近期內重複獲得相同報酬的次數越多，那麼，這一報酬的追加部分對

他的價值就越小。」

　　就像談戀愛，當我們第一次談戀愛的時候，印象往往是最為深刻的，第二次的時候，印象就沒有第一次那麼深刻了，而第三次又沒有第二次深刻，以此類推。很多人都希望「人生若只如初見」，不希望戀愛的幸福感不斷遞減，這也就是人們為什麼會對初戀那麼念念不忘了。再比如，有個地方景色非常美，是旅遊的好去處。你第一次去會感受到大自然的魅力，無比激動，欣喜若狂。但如果去的次數多了，就不覺得會有多麼美了，正如中國現代詩人汪國真所說「熟悉的地方沒有風景」。　由此我們可以得知，為什麼我們對身邊經常看到的一些事物常常會熟視無睹，因為你看見它的次數多了，它對你的吸引力也就減弱了。這其實也是你的注意力在隨著所見次數的增加而衰減。

　　我們在街上看到開著賓士的人對於掉在路邊的 1 元硬幣無動於衷，是因為 1 元在富人手中比在窮人手中的效用要低得多。這就是為什麼比起國內哪個大集團今年的收入又增加了幾億，我們更關注那些低收入者的生活能得到多少改善。這就是為什麼比起去年中國人消費了多少奢侈品，我們更想知道家電下鄉政策是否能讓更多的農民買得起電視。

　　當然，邊際遞增的現象也很多，例如毒品和集郵。我們都知道吸食毒品會使人上癮，毒品是越吸越想吸，並不會隨著你的吸入量的增多而效用減小，相反，效用還會隨著吸入量的增加而增大。還有集郵，假如 1 套郵票有 30 張，拿到 1 張可以賣 20 元，但如果你集齊 30 張絕對不止賣 600 元，這也是邊際效用的遞增。

　　因此，邊際效用雖然是經濟學領域的名詞，但也同樣可以應用於我們的生活中，並且它通常都是遞減的。這也正是為什麼人們總會感覺到「天天吃山珍海味，也吃不出當年餃子的香味」，因為，幸福往往與效用成正比，與欲望成反比。

5 生產率
拿什麼衡量一國經濟

「生產率」的問題，一直被經濟學界視為最古老的命題之一，但它同時卻又永遠保持著年輕。特別在當今經濟社會迅速發展、科學技術突飛猛進的年代裡，生產率已經不僅僅是經濟學家關心的問題，各國政府、工程界、科技界、企業家也都在關注著這一焦點問題。它對於人民生活水準的提高、國家的富強、經濟的發展，都具有極其重大的意義。

生產率是指在經濟運行過程中投入與產出數量之間的關係（總產出÷勞動投入＝勞動生產率）。如果相同數量的投入生產出了更多的產品，生產率就提高了；如果相同數量的投入生產的產品減少了，那麼生產率就下降了。對於勞動者來說，其勞動生產率可以用單位時間內所生產的產品數量來表示：在單位時間內所生產的產品越多，勞動生產率就越高。相反的，在單位時間內所生產的產品越少，則勞動生產率越低。

當然，也可以用生產單位產品所用的單位時間來表示：生產單位產品所需要的時間越少，則勞動生產率越高；反之，生產單位產品所需要的時間越多，則勞動生產率越低。我們由此可以推出，勞動生產率水準是由社會生產力的發展狀況所決定的。

世界各國的勞動生產率有高也有低，生產率越高的國家，在國際競爭中就越具有實力，人們生活水準就越高。那麼，不同的生產率又是由哪些因素決定的呢？

第一是科學技術。由於科學技術已經被廣泛運用到生活、生產當中去了，所以，現在科技發展水準可以說直接影響生產率的提升。由此，各國技術水準的差異也造成了各國收入水準的差異。第二是管理水準，主要包括制度的確立和勞動者的分工協作能力以及領導者的管理理念。第三，勞動者的自身素質以及平均熟練程度。由於獲取教育的機會不同，人力資本有很大差異性，生產效率也就會有差異性。第四，生產規模和生產要素的效率。主要是對勞動工具有效使用的程度和對原材料利用的程度。第五，自然條件。這是一個客觀條件。主要包括與社會生產有關的資源分布、氣候條件和土壤肥沃程度等。

生產率是評價一個經濟組織的主要依據。生產率的高低也是衡量一個國家經濟發

展水準的主要指標。世界上經濟發達國家都把提高生產率放在首位，並用生產率指標考核企業的發展狀況。21 世紀是提高生產率的時代，每一個國家、每一個企業、每一個工作者，都應高度重視生產率，在實踐工作中提高對生產率的重視，以生產率為經濟發展水準的衡量標準。

6 機會成本
比爾·蓋茲為什麼放棄哈佛

從經濟學的角度來看，做任何事情都是有成本的，「天下沒有白吃的午餐」。選擇同樣也要付出代價，這個代價就是機會成本，**選擇一件東西的機會成本，等於為了得到這件東西而放棄的另一件東西的價值**。面對有限的資源，為了能夠使自身的收益最大化，我們必須學會選擇、學會放棄。選擇有時候很容易，但有時卻很難，難就難在各個選項都具有不相上下的優勢。不過，只要我們懂得運用經濟學來分析機會成本，便可以做出最合理、利益最大化的選擇。

機會成本又稱替代性成本、擇一成本，是指在經濟決策過程中，因選取某一方案而放棄另一方案所付出的代價（或喪失的潛在利益）。我們要想對被選選項的經濟效益和發展前景做出正確的評價與判斷，就必須在決策前進行仔細分析，將已放棄的選項可能獲得的潛在收益，作為被選選項的機會成本計算在內。下面我們就來看一看世界首富、微軟公司前任總裁比爾·蓋茲在進行選擇時是如何計算機會成本的。

比爾·蓋茲於 1973 年順利進入哈佛大學法律系，可是他對法律並不感興趣，反而更鍾愛電腦，在 19 歲那年便有創辦軟體公司的想法。為此，他面臨著一項艱難的選擇：是繼續讀書拿到人們夢寐以求的哈佛大學畢業證書，還是放棄學業、開辦自己的軟體公司。拿到哈佛大學的學位證書一直都是他的夢想，可是經營自己的軟體公司也是他的奮鬥目標。在經過一番苦苦思考之後，他毅然決然地放棄了學業。事實也證明他的選擇是對的，1999 年美國《富比士》雜誌的世界富豪評選中，比爾·蓋茲以淨資產 850 億美元毫無疑問地登上了榜首。同年 3 月 27 日，蓋茲回母校參加募捐活動時，有位記者問他是否願意繼續回到哈佛完成學業，以彌補他曾經的遺憾時，蓋茲只是禮貌性地微微一笑，並沒有作出任何回答。由此也可以看出，蓋茲已經不願意為了哈佛的學位證書而放棄自己現有的事業了。

這是為什麼呢？按道理說，完成學業一直是蓋茲的夢想，現在他已經實現了創辦軟體公司的願望，完全可以全身心地投入到學習當中，去實現他的哈佛夢，可是他為什麼放棄了呢？從經濟學的觀點來看，這個問題並不令人費解。因為蓋茲在電腦領域

已經建立起自己的王國，而上學對他來說，得到的利益不可能比他現有事業所帶來的利益還要大。所以對於現在的蓋茲而言，放棄自己的事業去上學，遠比放棄學業繼續事業的機會成本更大，這樣一來，他當然會選擇機會成本較小、收益較大的一方了。

生活中機會成本的例子隨處可見，例如在愛情的取捨上，你嫁給一個人的機會成本，就是你所放棄現有的單身生活以及嫁給另外一個人的種種可能。一個美女面對兩個勢均力敵的追求者，之所以難以做出選擇，原因就是在機會成本的比較中，兩者旗鼓相當。再比如朋友請你吃飯，你很高興，覺得並沒有付出什麼成本。但事實真的如此嗎？即使可以肯定下次不用回請，但是在這次吃飯過程中你還是付出了「時間成本」。因為你本來可以用這段時間休息、看書或是健身，以獲得其他方面的收穫，這其中所花費的時間就是這頓飯的機會成本。越是名人，他的時間成本就越高，吃飯的機會成本也就越高。就像美國股神巴菲特，2010 年和他共進午餐的機會就被拍賣到262 萬美元的天價。所以我們說「天下沒有白吃的午餐」是有道理的。

當然，機會成本所指的機會必須是決策者可選擇的項目，若不是可選擇的項目則不屬於決策者的機會。例如某個農民只會養牛和養雞，那麼養豬就不會是這位農民的機會。

人們在日常生活中，經常要面對各種決策，在決策過程中要面臨各種選項，在分析選項時要計算各種機會成本，只有所獲利益高於成本的情況下，人們才會採取行動。在整個選擇的過程中，機會成本可以說是最為重要也是最為基礎的一個環節，因為只有充分考慮機會成本，我們才會做出更加明智的決策。

7 有形的手
政府能改變市場運行嗎

　　宏觀調控與市場調節是進行資源配置的兩種手段，被人們形象地比喻為「有形的手」和「無形的手」。在這裡我們主要談一下宏觀調控。宏觀調控，是政府實施的政策措施以調節市場經濟的運行。在市場經濟中，商品和服務的供應及需求是受價格規律及自由市場機制所影響的。市場經濟帶來經濟增長，但會引發通貨膨脹，而高潮後所跟隨的衰退卻使經濟停滯甚至倒退，這種週期波動對社會資源及生產力都造成嚴重影響。所以宏觀調控是著重整體社會的經濟運作，透過人為調節供應與需求，使經濟健康、平穩地發展。

　　現實中的市場經濟並不是萬能的，單純的市場調節也不能實現資源的合理配置。這樣一來，就存在很多缺陷和弱點。比如壟斷的出現，就使得市場競爭嚴重不公平，資源配置也不合理。市場機制的有效性必須以完全競爭為前提，但在現實中，由於規模效益的因素，使有些部門容易產生壟斷，從而破壞市場機制的作用，導致某些實力雄厚的壟斷企業限制競爭和生產要素流動，扭曲價格，並降低資源配置效率。

　　我們依舊來說比爾‧蓋茲的經典故事。他的成功一方面來自於自身的努力和才華，另一方面就是來自政府對於他智慧財產權的保護。對於比爾‧蓋茲而言，如果沒有專利的保護，新產品的開發就不會有相應的動力。而且，即使新產品開發出來了，沒有版權的保護措施，也會使得盜版猖獗，微軟仍然拿不到足夠的回報投入到再生產[1]之中。例如：微軟公司對其產品進行捆綁銷售，它的視窗作業系統已經壟斷了桌面作業系統市場。市場上出售的個人電腦幾乎都預裝了微軟公司的視窗作業系統，以此排擠當時著名的網景公司（Netscape）所推出的網景瀏覽器，這使得微軟在瀏覽器上大獲全勝。不過，隨著微軟的成功，它的市場份額[2]也越來越大，最後導致壟

1　Reproduction，指不斷更新和重複的生產歷程。
2　Market share，指一個企業的銷售數量（或金額）在市場同類產品中所占的比重。

斷，阻礙了市場上的自由競爭，同時它所制定的高價位也損害了消費者的利益。這時，政府適時地介入，美國聯邦法院也介入，並裁定微軟公司濫用其在作業系統市場上的優勢地位，導致行業壟斷。

由此可見，只有國家的宏觀調控適時地介入，才能保證一個國家的經濟健康、穩定地發展。

2009 年下半年，隨著中國經濟從全球性金融危機中復甦，房價開始大幅度攀升，超出了老百姓的承受範圍。如果我們只是靠市場的自主調節，那高昂的房價一定會導致購買者越來越少，從而使得房價下降很多。然而，事實卻是房價居高不下，處於長期保持在高位的不正常現象。在這種情況下，很明顯，單憑市場調節這隻「無形的手」已經不足以合理地調節市場了。這時候就只能靠政府有效調節的這隻「有形的手」出面，採取一些政策性的措施來控制房市。

中國社會主義市場經濟建設已經取得了顯著的成果。在這個階段中，「有形的手」起到了重要的作用。

無形的手
你看不見的市場信號

懂得經濟學的人都熟悉亞當‧斯密，他的《國富論》是經濟學中不朽的經典。其精髓就在於他所提出的「看不見的手」，也就是「無形的手」——市場調節。市場調節也是資源配置中十分重要的手段。它能透過價格、供需、競爭之間的相互作用與影響，推動資源的合理分配提高資源的利用效率，從而促進社會經濟的發展。

亞當‧斯密認為，每個人都應該充分利用好資本，使之產生最大的價值。從主觀上講，這個人未必想促進公共福利的增長，更不清楚他實際上到底增加了多少公共福利，他所追求的只是個人的利益而已；然而，當他這樣做的時候，有一隻無形的手在引導著他去參與市場調節、增加社會福利。當然，這種行為產生的效果並非他本意想追求的東西。只是在追求個人利益的同時，無意識地增進社會的利益，其作用往往比真正想促進社會利益時所得到的效果還要好。

亞當‧斯密之所以有這個論斷，就是他認為每個人都有「利己心」，正是「利己心」驅使著人們去獲取最大利益，而如果每個人都得到了利益，那麼整個社會也就得到了，國家的經濟實力也就增強了，這就是亞當‧斯密「無形的手」的真髓。市場調節就是這隻無形的手，而價格就是指引這隻手調節經濟活動的工具。

舉個例子來說，市場上的蘿蔔每斤 10 元，而馬鈴薯每斤只賣 5 元。那麼，大批農民便都決定種蘿蔔，原來種馬鈴薯的也都改種蘿蔔了。結果可想而知，幾個月後大批蘿蔔湧入市場，而馬鈴薯卻很難能買得到了。由於供過於求，蘿蔔的價格一下狂跌到了每斤 2 元，而馬鈴薯卻因為供不應求，價格一路飆升。於是，農民們又開始收了蘿蔔改種馬鈴薯。反覆幾次，市場上的供需才趨於平衡狀態。

從表面上看，這只是農民種地的問題。而實際上，這正是一種市場調節，也就是亞當‧斯密所提出的「無形的手」。雖然市場調節對於經濟活動有十分重要的影響力，但是也並不是萬能的。市場失靈的現象不斷出現，這也正說明了不能單靠市場調節來完善經濟的運行。

9 通貨膨脹
當錢不再值錢怎麼辦

20 世紀 90 年代，中國政府為了發展經濟，把人民幣兌美元匯率從 2：1 一下子調到了 8：1，從此很多中國人開始死心塌地地利用家裡充足的勞動力和資源給老外打工。也就是從那時開始，中國的出口工業開始蓬勃發展，經濟也開始走進波瀾壯闊的時期。

後來，出口業務發展的良好形勢，讓大批出口企業高高興興地拿著美元回來了，一不小心，政府的外匯儲備量就竄上去了；存的錢多了，就開始琢磨著應該做點什麼，將整體實力提升。首先想到的是高科技，可是有點本事的國家都不願意把技術轉移出去，誰知道你會不會研究透了之後，反把它給超越了，於是只好作罷。後來又想到進口些商品，提高一下人民生活水準，可是幾經思索，又覺得不大好，國內的產業還沒有發展起來，國外的產品又好又便宜，對國內企業的衝擊太大了。所以，到最後只能進口原材料，擴大產能，加大出口，以便獲得更多的美元，換更多的人民幣……。

以此迴圈，於是工廠越來越多，中國漸漸成為世界的加工廠。可生意卻越來越難做了，畢竟歐美市場的容量就那麼大，而且金融危機之後又一下子縮小了那麼多。再說，別的國家也不是沒有勞動力，只不過人少點罷了。你一味便宜地出口，把你的貨推銷出去，不就是搶人家的飯碗嗎？別看他們平時不出聲，可真的金融危機來了，誰都坐不住了。而且歐美國家都有工會組織，一旦工會發動，召集人馬示威遊行，甚至上書請願，政府都得注意一下。於是貿易制裁出現了，甚至直接燒了中國商品，兩邊鬧得沸沸揚揚。

很多出口企業那時候心裡都不是滋味。回頭翻翻帳本，估計也沒賺多少，還交了不少稅，再加上有些「稅」還只能是記在自己看的帳本上的。工廠是沒法建了，拿著人民幣做點別的吧，可是做什麼呢？

2008 年全球性金融危機的爆發，使得政府提出了一系列刺激經濟的政策，房地

產行業成為直接的受益者，借著大量信貸的湧入、剛性需求[1]的爆發，中國房地產業從寒冬直接到了盛夏，於是，不管有錢的沒錢的，都來炒房了。

本來經濟發展，資產的價格就會隨之升高，而房改又把大家逼得都去買房。沒辦法啊，沒房拿什麼結婚，拿什麼安居樂業，所以鬧得房價「居高不下」。如今政府也意識到必須調控一下房市了。

再來看看美國，金融危機一過，垮掉了那麼多企業。歐巴馬也是心急火燎，於是他找到了中國，說你們的商品價格太低了，工人的工資太低了。大家失業，都是你們低價競爭的結果，於是人民幣必須升值。按道理說，人民幣也是該升值一下了。可是政府回頭看看，不行啊，國內那些企業，當初只會原材料加工，那時人民幣便宜，出口有價格優勢，可是現在人家不同意了。本來指望著企業能越做越好，可是十幾年過去了，還是老樣子，技術含量與創新能力的提高十分緩慢，模仿能力倒是增進了不少，「山寨」的東西滿天飛。

所以說，如果人民幣大幅度升值，中國國內的出口企業很難說不會倒下一大片，於是，人民幣能不升值就不升值，不是不想，而是不能。後來，美國催了又催，中國還是無動於衷，沒辦法，美元只好自己貶值了。美元是國際貨幣，一旦貶值，好多大宗商品價格都跟著漲上去了。於是，黃金、大豆、石油、鐵礦石、有色金屬等，在國際市場上也都漲了起來，這些原材料價格的上升，使得作為世界工廠的中國面臨了巨大的壓力。

美元一貶值便開始氾濫起來，資本都是逐利的，在美國國內沒什麼機會，就跑到中國一類的國家。於是中國的外匯儲備又上去了，國外的熱錢都進來了。

熱錢就是遊資，就是那些聞風而動、見利就圖、到處逐利的國際資金。覺得哪兒好，有機會能賺到錢，就向哪兒去。它不做實業投資，只會投機炒作。這樣一來，就難免會對經濟造成推波助瀾的虛假繁榮現象。它會在房地產市場、股票市場、債券市場以及其他市場不斷尋找賺錢機會。最主要的是，大量熱錢的湧入會加大外匯占款規模，影響貨幣政策正常操作，擾亂金融體系的正常運行，貨幣政策主動性不斷下降，

1　或稱硬需求，指商品供需關係中，需求彈性較小、較不受價格高低影響者，通常指必需品。

貨幣政策的效果也會大打折扣，最終增加了通貨膨脹的壓力。

　　身處大爆發階段的中國經濟，面對通貨膨脹、物價飛漲，這是最艱苦的一仗。但中國必須打贏，打不贏，兩代人辛辛苦苦的努力、中國三十幾年改革開放的成果，很可能就會因為高通貨膨脹而被一步步蠶食掉。

10 菲利普斯曲線
通脹率越高失業越少嗎

自凱因斯開始，保持物價穩定和充分就業，實現既無通貨膨脹又無失業的境界，一直是西方各國的夢想。但可惜的是，無論經濟學家如何煞費苦心，他們也沒能幫助政府夢想成真：失業和通貨膨脹依舊是不穩定。就像蹺蹺板一樣，壓下這端，另一端便蹺得老高；壓低那頭，這頭又居高不下。這種失業與通貨膨脹交替關係的曲線就是菲利普斯曲線，而要完成這個夢想，其前提就是通貨膨脹與失業人數「雙低」。

菲利普斯曲線是由紐西蘭經濟學家菲利普斯（William Phillips）在 1958 年提出的。這條曲線表明：當失業率較低時，貨幣工資增長率就較高；反之，當失業率較高時，貨幣工資增長率就相對較低，甚至是負數。我們都知道，失業率高表示經濟不景氣，處於蕭條階段，這時物價與工資水準都較低，從而通貨膨脹率也就低；反之，如果失業率低，表示經濟處於繁榮增長階段，這時物價與工資水準都較高，從而通貨膨脹率也就較高。可見，**失業率和通貨膨脹率之間存在著反方向變動的交替關係。**

那麼，為什麼通貨膨脹與失業之間會存在此消彼長的關係呢？我們可以舉個簡單的例子來說明：假定中國勞動生產率每年可以遞增 2%，那麼，當工人工資增加 2%時，並不會使產品成本增加，也就不會致使物價上漲，即物價變動率為零。但當工資上漲超過 2%，人們購買力增強，消費見長，就會引起物價相應的上漲。如果工資增加 3%，那物價就會上漲 1%；工資增加 4%，物價就會上漲 2%。當然，工資的上漲就意味著對勞動力需求的增加，失業率減少，反之亦然。由此可見，失業率與物價變動率之間有著此消彼長的「交替換位」關係。

對中國而言，菲利普斯曲線並不是規則的，中國經濟並不能完全反映該效應。其原因有三點：

市場經濟條件不同於西方國家

傳統菲利普斯曲線闡述的是西方市場經濟條件下通貨膨脹率與失業率之間的關係。中國仍處於經濟轉軌適應的過程中，價格、工資並不完全由市場調節，尤其是國

營事業單位的工資浮動基本上還是由國家宏觀調控。

工資、價格決策機制和主體不同

西方在價格、工資、就業方面，主要由微觀決策機制所決定，廠商和工人都是市場經濟主體，產品價格、工資大都是由廠商和工人根據市場預期和供需關係所決定。而中國還不存在工聯對勞動力供給壟斷的勢力。

推動通貨膨脹上升的因素不同

經濟全球化使得許多國家失業率的升幅，已不能僅用工資成本推動通貨膨脹高低的反向變動來解釋了，包括需求推動、結構性通貨膨脹、進口成本推動、利潤推動等。中國通貨膨脹雖然在某一程度上與工資成本上升有關，但近年由原材料、農副產品價格上漲、進口中間品成本上升引致的成本推動型通貨膨脹，以及外匯儲備增長過快引致的流動性過剩壓力，構成了中國物價上漲的主要因素。

據統計，中國現有的就業條件每年只能提供 1100 萬左右就業職缺，根本無法解決年均 2400 萬人的就業問題。勞動力大面積供過於求，是長久以來的重大社會問題。如果採取提高通貨膨脹率來降低失業率，使通貨膨脹率的上漲幅度超過工資的上漲幅度，後果將是抑制總需求，使中國轉向以擴大內需為主導的經濟發展戰略難以實現，同時還會增加企業生產成本，從而減少投資和總供給，產生經濟衰退的後果。目前的失業，主要是產業結構調整過程中，出現的結構性失業和摩擦性失業，以及國際貿易摩擦，對中國出口行業就業的衝擊所造成，與通貨膨脹並無多大關係。

第 2 章　拆掉思維裡的牆

21 世紀你應該具備的經濟學思維

11 壟斷
為何鑽石如此昂貴

什麼是壟斷？在網上有一個流傳甚廣的笑話：

一次，一位電信公司的總裁去鄉下探望自己的老友。下車後，他住進了鎮上一家旅社。經過旅途的顛簸，這位總裁已經「灰頭土臉」，很想找個地方洗個熱水澡，於是便來到了旅社的公用澡堂。沒想到，他正準備進去，卻被門口的服務生攔住了，服務生告訴他，洗澡可以，但要先繳納 75 元的蓮蓬頭初裝費。總裁聽後很奇怪，但不想滋事，於是便給了服務生 75 元。可當他想進去時，又被服務生攔住了，服務生對他說：「先生，為了便於管理，我們會為每只蓮蓬頭配一個編號，這個號碼只供您一個人使用，所以您還需要繳納 25 元的選號費。」總裁聽後，心裡有些不高興，但礙於面子，他又繳了 25 元，選了「6」號。服務生見後，又說：「您選的是個吉利號碼，按規定您還得交 40 元的特別號碼附加費。」總裁壓下怒氣，說：「那我改成 4 號。4 號也不是什麼吉利號碼，總用不著交什麼特別號碼附加費吧？」服務生說：「4 號是普通號碼，當然不用交特別附加費，但您得繳 25 元的改號費。」總裁怒氣衝衝地交了錢，服務生接著又說：「我還得提醒您：由於 4 號蓮蓬頭僅供您一人使用，所以不管您是否來洗澡，您每月還要繳納 25 元的月租費。每月繳費的時間是20 日之前，如果您逾期未繳，還要繳納一定的滯納金，如果您不再使用 4 號蓮蓬頭了，那您還得繳 50 元的銷號費⋯⋯。」總裁大怒，要求服務生找經理出來談話。經理瞭解了事情的經過後，笑著對總裁說：「先生，對不起，也許您還不知道，就像你們電信行業一樣，澡堂業在我們這裡是壟斷經營的⋯⋯。」總裁聽完這句話，一句話都說不出來了。

聽完這個故事，大家大致瞭解了「壟斷」的含義。在歐美發達國家，**「壟斷」指少數大企業為了獲得高額利潤，透過相互協議或聯合，對一個或幾個部門商品的生產、銷售和價格進行操縱和控制。**由於壟斷者是其所生產產品的唯一銷售者，他們可以透過控制產品價格或者產量來最大化地實現自己的利益。

以鑽石為例，為什麼我們都覺得它比其他寶石稀有呢？鑽石稀有的主要原因在於

鑽石開採公司──戴比爾斯，控制了世界上絕大多數鑽石礦脈，並且對一定時間內提供給市場的鑽石數量加以限制，說白了，這便是一種壟斷。

南非的戴比爾斯壟斷組織由英國商人塞西爾・羅德斯（Cecil J. Rhodes）於 19 世紀 80 年代創立。當時，世界的鑽石主要是由南非的礦山供給，但仍存在許多互相競爭的採礦公司。在 19 世紀 80 年代，羅德斯買下了絕大部分的礦山，並把它們合併為一個公司──戴比爾斯。到了 1989 年，戴比爾斯控制了世界上幾乎所有的鑽石生產。這使鑽石的價格始終維持在一個壟斷的價格水準上。

透過上述例子我們可以看出，壟斷勢力有兩個特點：第一個特點是無限的擴張企圖，另外一個是攫取最大利益的衝動，兩者相輔相成、互為因果。對於普通老百姓而言，我們並沒有合適的方式去抵制這類事情，只能看著大大小小的壟斷勢力不斷綁架市場。對此，我們完全可以用亞當・斯密的那一段頗為辛辣的描述來概括：「不論是在哪一種商品和製造業上，商人的利益在若干方面往往和公眾利益不同……。一般來說，在於欺騙公眾，甚至在於壓迫公眾。事實上，公眾亦常為他們所欺騙所壓迫。」

12 兼併
吃「休克魚」，不吃「死魚」

2010 年 3 月 28 日，中國浙江吉利控股集團有限公司與美國福特汽車公司在瑞典哥德堡正式簽署收購富豪汽車公司的協議，吉利集團將以 18 億美元收購富豪汽車，這樁中國民營企業最大的跨國兼併事件終於塵埃落定。

關於兼併，我們可以套用一句俗話來解釋：大魚吃小魚，小魚吃蝦米。但是，什麼樣的魚該吃，什麼樣的魚不該吃，是很有玄機的。

首先，我們來理解一下兼併的概念：**兼併是透過產權的有償轉讓，把其他企業併入本企業或企業集團中，使被兼併的企業失去法人資格或改變法人實體的經濟行為。**通常是指一家企業以現金、證券或其他形式購買取得其他企業的產權、使其他企業喪失法人資格或改變法人實體，並取得對這些企業決策控制權的經濟行為。

市場經濟條件下，企業兼併是風險很大的資本運作行為。從國際上講，兼併分為三個階段，當企業資本總量占主導地位、技術含量並不占優勢的時候，是大魚吃小魚，大企業兼併小企業；當技術含量的效率已經超過資本運作的時候，是快魚吃慢魚，比如微軟，建立的時間並不長，但它的技術始終保持在領先地位，所以能很快地超過一些同業中的老牌公司；到了現代經濟社會，兼併已經是一種強強聯合、鯊魚吃鯊魚的局面，美國波音公司和麥克唐納-道格拉斯之間的兼併就是這種情況。

國外成功的例子雖然經典，但在中國，因為社會背景不同，只能作為參考，所以，大魚不能吃小魚、慢魚，更不能吃鯊魚。在現行經濟體制下活魚是不可能吃到的，而另一部分即將倒閉的企業，我們稱之為「死魚」，也是絕對不能吃的，否則會連帶母體企業出現問題，因此只能吃「休克魚」。所謂「休克魚」，就是指硬體條件、基礎設施較好，但管理能力不佳的企業。這樣的企業，只是由於不善經營而落到市場的後面，而一旦有一套行之有效的管理制度，很快就能重新活起來。海爾集團（Haier）在其高速擴張的進程中，之所以沒有被兼併的企業拖累壓垮，並且使被兼併的子公司重獲生機，經濟效益不斷提升，其最主要原因就是充分地把握了吃「休克魚」這一原則。

海爾集團先後通過控股聯營、資產重組，兼併了 18 個總虧損數額高達 5.5 億元的企業，以無形資產盤活了有形資產。它的整個兼併過程包括三個階段：第一階段是 1988～1990 年，當時的青島電冰箱總廠兼併了處於困境之中的電鍍廠，輸入資金進行全盤更新，成立了一個新的微波電器廠。第二階段是 1991～1995 年，青島電冰箱總廠在兼併了原青島冷凝器廠、空調器廠後，投入資金、輸入新的管理理念、擴大規模，提高水準，成立海爾集團公司。第三階段是在 1993 年以後，海爾兼併聯合的步伐更大，特別是 1997 年，海爾有了全方位的行動。在這些兼併中，海爾選擇的對象都不是什麼優質企業。因為海爾看中的不是兼併對象現有的資產，而是潛在的市場活力、潛在的效益，如同在資本市場上買期權[1]而不是買股票一樣。

企業兼併是市場經濟發展的必然產物，對社會經濟發展具有重大的推動作用，它是企業成長的重要方法和途徑。企業兼併的積極作用和消極作用都不容忽視。首先，從好的一方面來看，兼併有助於提高企業的國際競爭力，發展規模經濟，是規模經濟的催化劑。同時，經由擴大規模降低成本、提高生產效率，形成最佳企業規模，從而提高競爭能力，並且透過兼併增強自己的實力，還可以創造進入新市場的機會，分擔大規模研究與開發項目的財力耗費，分散風險，也有利於克服企業危機。

但是，我們不能忽略的一點，就是**兼併是壟斷滋生的溫床，有礙於市場競爭**。企業透過兼併占據市場統治地位，這樣就缺少競爭壓力而降低了資源配置效率。與此同時，壟斷利潤的形成也違反了市場經濟的競爭性。同時，壟斷也會使進入市場的限制程度增大，使新競爭者難以融入，抑制了潛在競爭的作用。

兼併，說到底是市場競爭的結果。海爾之所以能夠在兼併中不斷取得成功，實現低成本，高速、高效地擴張，與海爾自身的實力和品牌優勢都有著密不可分的關係。我們也可以從中得到幾點啟示：企業兼併，**只有正確選擇兼併目標，才能使之符合自己的戰略要求。成功的企業家往往善於尋找被埋沒的資產，並大膽實施兼併計畫。**

1　期權指一種在一定期限內的交易選擇權，賦予持有人一種按照約定價格買或賣的權利，持有人可以自己決定要不要行使。

13 價值悖論
水和鑽石的價值之謎

　　眾所周知，水對於地球上的生物來説是多麼重要，每個人的生命都離不開水。然而，水的價格卻非常低廉。相比之下，集萬般寵愛於一身的鑽石，價格則高得離譜。按理説，鑽石應是可有可無的東西，即使沒有它，人類社會照舊可以發展下去。那為什麼鑽石會有這麼高的價格呢？這是因為水的供給量遠遠大於需求量，而鑽石是一種奢侈性消費，它在地球上的含量很少，開採難度又高，所以它的供給是十分困難的。這樣一來，鑽石價格高昂也就不足為奇了。

　　水和鑽石這種強烈的反差構成了經濟學中的「價值悖論」。價值悖論反映了商品的供給和需求原理。即當一個商品的供給小需求大的時候，這個商品的價值就高，反之亦然。

　　著名的作家、教育家葉聖陶先生曾寫過一篇短篇小説〈多收了三五斗〉，裡面描述了一種「穀賤傷農」現象。按理説，農業豐收了，農民的收入應該更高些才對。結果，穀物產了很多，可農民的收入卻大大減少了。為什麼會有這種現象產生呢？

　　我們説，物品之所以成為商品，不一定在於它本身具有多大使用價值，而主要是看它是否存在一定的需求和供給。事例中的糧食屬於缺乏彈性的商品，也就是説，它價格高，我們每天吃的是那麼多；它價格低，我們每天吃的還是那麼多。由於農業的整體豐收，造成了糧食產量增加，其供給量急劇上升，超過了人的需求量。這樣一來，糧食的價格就會下降。相反，假若糧食產量減少，滿足不了人們的需求量的話，糧價則會升高。俗話説「物以稀為貴」，大致可以解釋這個道理。

　　現實中有許多例子可以體現價值悖論。據説，世間有兩張清朝大龍郵票，各值10 萬元，善賈者必然撕毀一張，另一張就不止兩枚之和的 20 萬元，可能是 30 萬元、40 萬元或者更多。雖然這種毀滅文明的方式並不被稱道，但市場上所謂的「限量版」、「珍藏版」等郵票與紀念卡，都反映了人為創造的稀缺性，也間接反映了由於供給與需求之間不對等，而導致價值悖論現象的出現。

　　用梵谷的畫也可以解釋價值悖論。梵谷的畫，原來無人問津，現在卻價值連城。

為什麼呢？從經濟學角度看，因為梵谷以自殺的方式結束了自己年輕的生命，這也就意味著他的畫作作為一種商品的供給就固定了，而需求相對來說確實無限大，這樣必然導致這些作品價格的飆升，我們從某種意義上可以說是梵谷的自殺促成其作品的升值和備受追捧。在梵谷死後，他的作品《嘉舍醫師的畫像》竟以 8250 萬美元的天價成交，創出當時藝術品拍賣的最高紀錄。

畢卡索也是世界上最著名的畫家之一，與梵谷相似，畢卡索早年的畫家生涯是艱辛的。這位開創印象畫派畫風的偉大藝術家初到巴黎時處處碰壁，窮困潦倒。最後，畢卡索想出了一個主意，他用自己僅存的 15 銀幣雇用了幾個大學生，讓他們每天去巴黎的各家畫廊詢問：「請問這裡有畢卡索的畫嗎？」而他則帶著自己的畫隱居起來。一個月過後，畢卡索帶著自己的畫重出江湖，立即受到人們的追捧。畢卡索的好運氣完全是靠自己的努力得來的，他成功地創造了自己作品的稀缺性，讓大家競相購買自己的畫，進而一舉成名。

以上這些事例，讀者們一定遇到過很多。瞭解了這些，我們就可以用價值悖論解釋生活中的常見現象：一種東西雖然使用價值大，但是卻廉價；一種東西使用價值不大，但是卻很昂貴。

14 使用價值
我們購買的究竟是什麼

在中國國家博物館裡，陳列著這樣一件館藏文物，它的編號是國博收藏 092 號。見過這件文物的人都知道，它就是曾經轟動一時的「海爾鐵錘」。那麼，它為何會進入國家博物館呢？這樣一個看似平凡的鐵錘背後又有著怎樣不平凡的故事呢？

事情還要從 1985 年底說起。當時，青島電冰箱總廠廠長張瑞敏收到一封客戶來信，信中反映海爾電冰箱存在著嚴重的品質問題。張瑞敏立即帶人去檢查，結果發現，倉庫裡同一批次的 400 多台電冰箱中，竟然有 76 台不合格。於是，張瑞敏立即召集全體員工到倉庫現場開會，詢問大家如何處理這些品質不合格的電冰箱。當時，有大多數員工建議，把這些存在小故障的電冰箱作為福利，便宜賣給廠裡的職工，以挽回企業的損失。可張瑞敏聽後卻說：「我要是允許把這 76 台電冰箱賣了，就等於允許你們明天再生產 760 台、7600 台這樣不合格的電冰箱。放行這些有缺陷的產品，就談不上品質意識。」隨後，他命令大家把這些不合格的電冰箱全部砸掉，並掄起大錘親手砸毀了第一台。最後，很多員工含淚砸掉了自己生產的電冰箱，而張瑞敏手中的這把大錘也被收至中國國家博物館裡。

有人曾對此做過計算，那 76 台電冰箱，如果按出廠價計算，相當於全廠員工兩年的工資。但在張瑞敏一聲命令下，它們就變成了一堆廢鐵。張瑞敏為何要這樣做呢？毫無疑問，張瑞敏非常重視產品品質，而這個品質指的就是商品的「使用價值」。它關係到一個企業的信譽和利益，所謂「品質是企業的生命線」，說的就是這個道理。

我們買糧食是為了吃，我們買衣服是為了穿，我們買花是為了觀賞。在日常生活中，幾乎每一種物品都具有一定的使用價值。倘若物品沒有使用價值，就不會有人需要，即使人們在它身上耗費再多的勞動，這些勞動也不能形成價值。以前面提到的 76 台海爾電冰箱為例，它們是存在故障的，如果張瑞敏沒有毀掉它們，而是將它們投放到市場上，那麼當人們發現這些故障時，就不會去購買。這樣，這種物品便無法進行交換，也就不再是商品，與廢物毫無差別。

每個商品的使用價值都不一樣，所以不能將它們放在一起比較大小。我們無法評斷，是一根繡花針使用價值大，還是一列火車使用價值大，因為它們的用途是不一樣的。你不可能用繡花針來運輸，更不可能用火車來繡花。

　　既然商品必須具有使用價值，下面就讓我們來進一步思考一下：商品的使用價值是人類所賦予它的嗎？

　　不是。比如糧食，最初我們只認識到它能吃，那是不是它就沒有別的用途呢？顯然不是。糧食的用途是多方面的，既可食用，也可用來釀酒，還能製作工藝品、造紙、織布等。它的使用價值是與生俱來的，是由它的物理性質、化學性質、組織結構等決定的。所以，商品的使用價值是商品的自然屬性。除了商品以外，其他非商品的勞動產品，有使用價值；與人有關的一些物品，也有使用價值，如陽光哺育萬物成長，空氣供人呼吸等。很多人常把商品的價值和使用價值搞混，其實不難區別，舉個簡單的例子來說明。比如，農民 A 生產了一堆黃瓜，這些黃瓜準備拿到市場去賣；農民 B 也生產了一堆黃瓜，不過，他不是為了賣錢，而是供自己食用的。如果此時要你來答，農民 A 和農民 B，誰的黃瓜有使用價值，誰的黃瓜有價值，你會怎麼說？答案其實很簡單，它們都有使用價值。不過，B 與 A 相比則沒有價值。因為價值是商品的本質屬性，非商品是絕對沒有價值的。

15 消費者剩餘
小米手機帶給我們什麼

南北朝時，有個叫呂僧珍的人，世代居住在廣陵。呂僧珍為人正直，品德高尚，很有膽識和謀略，受到人們的尊敬和擁護，聲名遠揚。同時期有個名叫宋季雅的官員，被朝廷罷免南郡太守後返回家鄉。由於仰慕呂僧珍的品德，便買下呂僧珍宅屋旁的一幢普通宅子，與呂為鄰。一天，呂僧珍過來拜訪這位新鄰居，問宋季雅：「你花多少錢買這幢宅子？」宋季雅回答：「1100 金。」呂僧珍聽了為之一驚：「這麼貴？」宋季雅笑著回答說：「我用 100 金買房屋，用 1000 金買個好鄰居。」

這就是後人所說的「千金買鄰」的典故。每個人都不會花費超過市價 10 倍的價錢去買一棟房子，但是宋季雅卻做出了這樣的選擇，並認為物有所值。因為這其中只有 100 金是房屋的真實價值，而 1000 金是專門用來「買鄰居」的。也就是說，1100 金符合宋季雅的消費期待。在這個故事中，我們可以引出消費經濟學中的一個概念，即消費者剩餘。

消費者剩餘是指消費者為取得一種商品所願意支付的價格與他取得該商品而實際支付的價格之間的差額。這一概念是由著名經濟學家馬歇爾[1]最先提出來的，他對其下了這樣的定義：一個人對一物所付的價格，絕不會超過而且也很少達到他寧願支付而不願得不到此物的價格。

對於商家而言，要想讓其商品具有更強的競爭力，應當從兩方面入手：一是提高商品給消費者帶來的「好處」；二是降低商品的價格。從客觀和主觀兩方面入手，最理想的狀態是消費者剩餘為零時，定價達到最高值。

舉例來說，市面上有無數人追捧小米手機，雖然在創新和操作體驗方面，小米不及 iPhone，但後者的價格相比非常高昂，使很多消費者望洋興嘆。而小米手機配置頗高、品牌服務有保障、價格厚道，是當前性價比很高的手機。較大的「好處」，以

1　　Alfred Marshall（1842～1924），英國經濟學家，新古典經濟學創始人之一。

及較便宜的價格，使得小米手機的消費者剩餘是各款手機中最突出的。消費者剩餘的最大化，使得小米成為當前最炙手可熱的一款手機，因此一炮而紅。

消費者剩餘可能為正數，也可能為負數。我們舉一個消費者剩餘為正的情況。假設有一台電腦，富人甲願意出 8000 元的價格買，藍領階層乙願意出 7000 元，學生丙只願意出 6500 元。假如現在由 3 位買者競價，最後的勝出者肯定是甲，當他以 7500 元買到這台電腦的時候，他的額外收益是多少呢？比起他願意出的 8000 元，他還得到了 500 元的「消費者剩餘」。假如現在有 3 台電腦出售，為了使事情簡單化，統一以 6500 元的相同價格賣出，結果會是怎樣的呢？

我們可以發現，除了丙沒有得到消費者剩餘之外，其他兩個人都不同程度地得了消費者剩餘。最多的是甲，他獲得了 1500 元的消費者剩餘，乙獲得了 500 元的消費者剩餘，丙雖然沒有獲得消費者剩餘，也並沒有覺得自己吃虧，因為他沒有以高於自己願意支付的價格去買。

懂得了消費者剩餘理論，可以幫助我們在生活中獲得更多的實惠。就像和商家討價還價一樣，一般來說顧客的需求價格一定會比商家給出的價格低。比如你在逛街的時候看中一條裙子，商家給的價格是 160 元，而你所能承受的只是 100 元，那麼，現在你就要想想怎樣把消費者剩餘拉到最高，也就是怎麼把商家的價格給降下來。

一般來說，消費者在買東西時對所購買的物品都有一種主觀評價。這種主觀評價表現為消費者願意為這件物品所支付的最高價格，即需求價格，就如上文中 100 元是裙子的價格底線。而決定需求價格的主要有兩個因素：一是消費者滿足程度的高低，即效用的大小；二是與其他同類物品所帶來的效用和價格的比較。

在日常生活中，消費者剩餘可以幫助我們衡量購買物品時所得到的經濟實惠的大小。一種物品給消費者帶來的消費者剩餘越大，即市場價格越低於消費者願意出的最高價格，消費者就越願意買；反之，如果市場價格高於消費者願意出的最高價格，即價格底線，那麼消費者就會認為購買該物品物非所值，或者說消費者剩餘為負數，那消費者通常情況下就不會購買了。

16 供需關係
商品價格上漲的祕密

西晉太康年間有位很有名的文學家左思。左思小的時候，他父親覺得他沒出息，常常在外面對別人說後悔生了這個兒子。等到左思成年之後，他父親還常對朋友們說：「左思雖然已經成年了，可是他懂得的道理和知識還不及我小時候呢！」左思不甘心受到這種鄙視，於是開始發憤學習。

此後，經過長時間準備，他依據史實寫出了一部〈三都賦〉，把三國時的魏都鄴城、蜀都成都、吳都建康寫入賦中。當時人們都認為其水準已經超過了漢朝班固所撰寫的〈兩都賦〉和張衡的〈兩京賦〉。一時間，竟在京城洛陽廣為流傳，人們紛紛稱讚，競相傳抄，一下子使紙貴了好幾倍。原來每刀 1000 文的紙漲到了 2000 文、3000 文，後來竟然傾銷一空，不少人只好到外地買紙，來抄寫這篇千古名賦。這便是我們今天所說的「洛陽紙貴」，這裡面也涉及一個經濟學名詞，即「供需關係」。供需關係，是指在商品經濟條件下，商品供給和需求之間的相互聯繫、相互制約的關係，它是生產和消費之間的關係在市場上的反映。

一般來說，當供大於求時，市場價格低於正常價格；當供不應求時，市場價格高於正常價格；當供需平衡時，市場價格也就是正常價格。正如魯迅先生在〈藤野先生〉一文中有這樣的句子：「北京的白菜運往浙江，便用紅頭繩繫住菜根，倒掛在水果店頭，尊為『膠菜』；福建野生著的蘆薈，一到北京就請進溫室，且美其名曰『龍舌蘭』。」可見，由於供需不平衡，白菜在浙江能賣出好價錢，而蘆薈在北京也同樣是價高一籌。

2011 年日本發生了規模 9.0 的大地震，由於地震強烈，日本許多核電站出現異常，有的還發生了洩漏。很多人擔心日本核電站洩漏對人體有影響，或者擔心海水被放射性物質汙染，無法再提煉鹽，他們又聽說食用碘鹽可防核輻射，因此一哄而上，開始購買食鹽，以致市場、超市、商店中的食用鹽都出現了缺貨現象。為什麼會發生這樣的事？主要是因為突如其來的「核輻射」造成消費者的恐慌心理，使得人們對這些物品的需求劇增。這種行為固然可笑，卻也表現出了供需關係對市場的作用。

供給和需求是市場經濟運行的力量，沒有供給的商品也就沒有意義。比如說「空中樓閣」，多少人幻想著要擁有，但卻是不現實的，所以也就沒有價值可言，從而也就沒有與之相應的價格。同樣的道理，沒有需求的東西也無法稱之為商品，因為根本沒有人願意出錢去買它。所以說，「需求」和「供給」這兩個因素決定了商品的價格，之前我們說的「洛陽紙貴」，也正是因為需求上升，而供給沒有得到有效上升，導致價格上漲。

17 沉沒成本
不為打碎的瓷碗哭泣

假如你花了 50 元買了一張電影票,但是影片的內容卻糟糕透頂。這時,你是應該繼續留下來,還是起身離開電影院呢?當你做這個決定時,你就應該忽視那 50 元。因為這時它已經是「沉沒成本」[1]了,無論你是否打算離開電影院,錢都不會再回來了。

「沉沒成本」是經濟學中一個很常用的名詞。它的意思簡單來說就是已經花掉了的、無論如何也無法挽回的成本。

下面舉一個經典的例子,來幫助我們進一步認識「沉沒成本」的內在含義。有一個老人,特別喜歡收集各種古董,一旦遇到自己喜歡的古董,無論花費多少錢都要想方設法地買下來。這一天,他在古玩市場上發現了一件做工精緻的明代瓷碗,出了很高的價錢才把它買回來。他把這個心肝寶貝綁在自行車後座上,喜孜孜地騎車回家。誰知道路中間有一塊石頭,老人躲閃不及軋了過去,由於顛簸得太厲害,突然聽到「匡噹」一聲,瓷碗從自行車後座上掉落下來,摔得粉碎。可是,這位老人聽到清脆的撞擊聲後,居然連頭也沒回仍繼續向前騎。這時,路旁有位熱心人對他大聲喊道:「老大爺,您的瓷碗摔碎了!」老人仍然頭也不回地說:「碎了嗎?嗯,聽聲音一定是摔得粉碎,那也沒辦法了!」不一會兒,老人的背影就消失在茫茫人海中。

試想一下,如果這種事情放到別人的身上又會是怎樣呢?絕大部分人都會從自行車上跳下來,然後對著化為碎片的瓷碗捶胸頓足,扼腕惋惜,會心疼後悔好一陣子,這也就掉入了「沉沒成本」的陷阱。因為瓷碗已經碎了,你再做任何努力都於事無補了。所以,在這個時候,我們只有果斷地捨棄「沉沒成本」才是明智的。倘若因為已經無法挽回的損失而使我們自身或是之後的決策受到影響,那只會損失得更多。

「沉沒成本」在市場經濟中也非常普遍。如果在銀行的業務中出現,經常會引起

1　　Sunk cost,或稱沉澱成本、既定成本。

嚴重的後果。例如，當一個貸款企業陷入困境時，信貸員通常會不顧該企業在未來前景發展中存在的問題，而繼續為該企業提供貸款，期望它能夠獲得喘息的機會，重新恢復往日生機，以便有能力償還銀行的錢，不影響銀行的利益。但結果往往事與願違，企業還是無法從危機中擺脫出來。更為糟糕的是「沉沒成本」問題經常會引起惡性循環：銀行繼續信貸，企業依舊失敗。最終以企業宣布破產，銀行巨額資金回收無望為結果。

其實，大多數決策者都難以擺脫上一次的決策失誤所帶來的心理陰影，包括銀行的信貸員，會執意在「原方向」上再次嘗試，以證實前一個決策並沒有失敗。

或許換做是我們，也會和他做出同樣的選擇，沒有勇氣捨棄已經適應的工作。其實，對於年輕人來說，最該擁有的就是當斷則斷的魄力。既然「沉沒成本」已經出現，那麼，當務之急就是捨棄。**只有捨棄了沒有希望的過去，才能爭取到充滿希望的未來**。如果急於翻本，急於求成，只可能會遭受更大的損失，越急越壞，越壞越急，就像賭徒們一樣，哪一個不是因為想贏回已經失去的利益而越陷越深的呢？所以，在我們遭遇「沉沒成本」時，要從所經歷的失敗、所走的彎路和所遭遇的打擊中吸取教訓，調整航向，重新做出正確的選擇。

18 稀缺性
為什麼鑽石比水貴

在經濟學裡，有一個很古老的故事——為什麼鑽石比水貴？按照作用來說，鑽石永遠無法和水相比，水是人類的生命之源，離開了水，人就無法生存，但是離開了鑽石，人們的生活幾乎不會出現任何困難。對此，經濟學的開山鼻祖亞當·斯密巧妙地回答了這個問題。因為稀缺性，物以稀為貴，由於鑽石很稀少，人們為了獲得稀少的鑽石便會願意出高價錢，可是對於水，到處都是，很輕易就可以得到，自然也就不值錢了。

其實具有稀缺性的不僅僅是鑽石，只要是人們想得到、供應卻有限的物品都是具有稀缺性的。就像是每個女孩子都會做白雪公主的夢，然而傳說裡的白馬王子卻遲遲不出現，於是，她們不禁會想為什麼我沒有白馬王子？答案是這個世界上並不缺少灰姑娘，缺少的只是王子，即王子具有稀缺性。

資源的稀缺性是指相對於人們無窮多樣的需要，資源總是不夠的。學習經濟學首先就必須要承認資源的稀缺性。因為如果資源是足夠的，那就不需要選擇了，也不必考慮成本，那經濟學也就不會有存在和發展的必要了。資源是有限的，可人的需求卻是無限的，滿足了低層次的需要，就會有中層次的需求，滿足了中層次的需求，就會有高層次的需要。如 20 世紀 80 年代初，我們追求的僅是溫飽，90 年代初我們還需要家電，到了 90 年代末我們開始需要電子通訊，直到現在我們已經嚮往著住別墅與開跑車、開私人飛機了。我們需求的層次總是在不斷地升級，因此，承認資源的稀缺性就顯得尤為重要。我們對中國國情的認識也從當初片面強調「地大物博、資源豐富」轉變為現在的「人口多、底子薄，每人平均耕地少」，這正是我們在思想上意識到資源稀缺性的過程。

中國國有企業改革為什麼會步履維艱、進展緩慢？最重要的一個原因就是沒有「硬性的」預算約束，資源不夠就向政府伸手要。政府在就業、稅收和穩定的壓力下，只好一次次的「借用」銀行資金注入。試想在沒有資源約束的情況下，管理層哪裡有動力去壓縮成本、開拓市場、革新技術呢？技術沒有創新，產品沒有市場，管理

沒有效率，唯一有的就只剩銀行的呆帳了。

試想一下，如果企業有壓力，對資源使用有硬性約束，明白資源的稀缺性，那結果會不會更盡如人意一些呢？中國有句古話叫「家貧出孝子」，這就是資源稀缺性的結果。因為家貧，能夠提供給孩子的物質是稀缺的。在這種資源的約束下，孩子從小就得學會「計算著過日子」，從小就得考慮哪些是當前最需要的，哪些是暫時還不需要解決的。因為來之不易，就會格外珍惜，份外感激。因此長大了之後，就明白了要報恩，要回報父母。

再來說說北京的交通，由於車太多，壅堵現象較為嚴重，特別是上班的尖峰時間，車速很慢，甚至堵塞，於是有很多司機就罵政府，說為什麼不拓寬道路，為什麼不整治交通樞紐，為什麼不修路。很多時候，有些人總認為別人這也沒做好，那也沒做好，彷彿要是自己做，就一定能做好。其實，真讓他做他也做不好，因為他是站在局外看局內，不知道局內的資源約束和稀缺性。

名聲也具有稀缺性，在芸芸眾生之中，能夠嶄露頭角並不是一件容易的事。一些別有用心的人想出了千奇百怪的方法來出名，當然，絕大多數無非都是為了利益。在現今，出名其實只分為兩種：美名與醜名。這兩種卻都能為主角帶來財富，可美名並不是那麼容易得到，於是某些人選擇醜名這個雖然卑微但卻十分快速有效的方式。

可以說在任何一個時間點上，資源都是有稀缺性的，資源的供給與人們的需求是相互矛盾的，**面對人們無盡的欲望，再多的資源也是稀缺的。但也正是因為資源的這一特性，才有經濟學存在的價值，才需要經濟學研究如何最有效地配置資源，使人類的福利最大化。**

19 公地悲劇
誰製造了悲劇

一群牧民在公共牧場上放牧，一個牧民為了多賺些利潤，便想多養一隻羊。因為對他來說，增加一隻羊是有利的，而草場退化的代價是可以大家負擔的，於是他增加了一隻羊。當然，聰明的不只他一個，就這樣，牧場上的羊越來越多了。結果牧草越來越少，泥土大量裸露於表面，羊群的數量開始不斷減少，所有「聰明」人都受到嚴重損失。這就是所謂的「公地悲劇」[1]。

公地作為一項資源或財產有許多擁有者，他們中的每一個人都有使用權，但沒有權力阻止其他人使用，從而造成資源過度使用和枯竭。過度砍伐森林、開採煤礦、捕撈漁業資源都是「公地悲劇」的典型例子。我們之所以稱之為悲劇，是因為每個當事人都知道資源被過度使用必定會枯竭，但每個人對阻止事態的惡化都感到無能為力，同時，還都抱著「及時撈一把」的心態從而加劇了事態的惡化。因此，公共物品因為產權難以界定而被競爭性地過度使用或侵占是必然的結果。

可以說，悲劇的產生在於每一個人都陷入了一個體系不能自拔，這個體系迫使著每個人都在有限的世界裡無限地增加著自己對資源的使用程度，因此，毀滅就成為大家不能逃脫的命運。

官船是最破的，公共場所的衛生是最令人頭疼的，城市公共設施是最容易受損的，國營事業的虧損也是最為嚴重的……。對公共物品而言，你若從中獲益，他人也會，於是每個人都無所顧忌，最後損失的便是大家的利益，最終釀成「公地悲劇」。

中國目前亂挖濫採的小煤窯，可以說是對資源最嚴重的浪費。山西的煤老闆為了一己私利，毫無節制、晝夜不分地採伐，這種混亂局面如果不及時加以制止，其後果對於中國來說，遠比公海捕魚要嚴重得多，長此以往，能源問題所帶來的危害將是無

---

1   Tragedy of the commons，1968 年由美國生態學家 Garrett J. Hardin 加勒特‧哈丁所提出。

法挽救的。人們對資源這樣不顧後果地開發，不亞於當初人民公社時期家家戶戶養牲畜，然後故意將其放到生產隊裡的麥田裡去吃麥苗，結果就是「吃在外，省在家，賣的錢，自己花」。其實，在世界各國，幾乎每個歷史時期都出現過一定程度的「公地悲劇」。

再回到我們前文所提的那個例子，公地悲劇出現的原因，自然是過度放牧。草吃乾淨了，連草根都沒有了，最後的結果就是土地的荒漠化。要避免草場的破壞，就需要所有放牧人提高集體意識，保護生態平衡，但可悲的是沒有一個家庭願意為了共有草場的茂盛而主動減少自己羊群的規模，正如沒有一個小煤窯的老闆為了保護國家的煤炭資源而主動減少煤炭開採一樣。

實際上，公地悲劇產生的原因就在於它自身使用的負外部性[2]。當私人的羊群在共有土地上吃草，便降低了其他人可以得到的土地品質。公共草地放牧、煤炭資源開發具有相同的性質，那就是當一個人享用公共資源時，便減少了其他人對這種資源的享用。由於這種負外部性，公共資源往往都會被過度使用。要想解決這樣的問題，主要有兩種途徑：一是把共有資源變成私人物品；二是政府管制。

公地悲劇展現的是一幅私人享用免費午餐時的狼狽景象，即無休止地掠奪。勤勞的人們為了個人的生計而忙碌，在忽視長期利益的算計後，開始為眼前的利益而「殺雞取卵」。沒有節制，沒有產權制度，最終導致公共財產無法估量的損失，以及資源的衰竭。

再舉一個比較典型的例子。為了改善環境，阻止氣候變暖，2009 年 12 月 7 日舉行了哥本哈根聯合國氣候變化會議。哥本哈根會議被人們極為悲情地稱為「人類拯救地球最後的機會」。此次會議的初衷是期望所有國家和地區，共同秉持對人類長遠發展高度負責的精神，共同承擔起積極改善和減緩氣候變化的責任與義務。然而，卻出現了某些國家的推諉卸責，顧己不顧人，無休止的巧言令色和嚴以律人、寬以律己的局面，再一次反映出人類的自私與道德的偏頗，也再次驗證了亞里斯多德的結論：「由最多數人共用的事物，卻只能得到最少的照顧。」不負責任的推諉將會導致所有

2　或稱外部不經濟（external diseconomies），指有害外部性的商品。這類商品的生產會對社會和環境產生負效應（如汙染和犯罪）。

個體賴以生存的環境崩塌，自私的所謂「理性」，只能把局面推向無法挽救的毀滅。

為一己私利，置公共利益於不顧，最後只能是害人又害己。道理人人都懂，卻不見得人人都能約束自己。畢竟有些便宜太容易占，讓人不能不伸手。

20 外部性
——物對外界的影響

　　我們把一個人的行為對旁觀者福利的影響稱為外部性。如果這個影響對旁觀者是有利的，就稱為「正外部性」（或外部經濟）；如果這個影響對旁觀者是不利的，就稱為「負外部性」（或外部不經濟）。

　　舉個例子來講，前人種樹，後人乘涼，方便於他人，即是一種正的外部性；竭澤而漁，不顧子孫後代，則是一種負的外部性。最典型的例子就是教育，教育被人們認為是具有正外部性的。雖然教育的受益者是被教育的個人，但社會作為一個整體，也會因為個人有教養而整體受益，就像是社會生產率和政治參與率的提高。也正是因為外部性的存在，使得政府有充足的理由資助、補貼、發展教育事業。

　　負外部性的最典型例子就是汙染。假如一家企業肆意排放廢氣廢水，那它將給下游或下風向的居民或是企業造成危害，包括疾病的發生以及生產率下降。如果政府不及時進行干預的話，必定會給人們的財產及生命安全造成難以估量的損失。汽車的廢氣，也同樣具有負外部性，因為它產生了人們不得不吸入的有害煙霧。對此，國家透過制定汽車的排放廢氣標準，對汽油徵稅以減少人們開車的次數等措施，來控制這個現象。

　　外部性拿到生產中來說，又可以分為生產的外部性與消費的外部性兩種。在我們細化之後，還可以從以下不同角度來分析外部性。消費者對生產者的外部經濟，如居住環境的改善大大地增加了生產性投資；消費者對消費者的外部經濟，如私人花園對過路人賞心悅目的影響；生產者對生產者的外部經濟，如果園園主與養蜂場場主的關係，果園的鮮花為蜜蜂提供了花蜜；生產者對消費者的外部經濟，如花園式廠房使附近居民心曠神怡；消費者對生產者的外部不經濟，如音響的雜訊對隔壁作家寫作所帶來的影響；消費者對消費者的外部不經濟，如公車上大聲喧嘩對其他乘客的影響；生產者對生產者的外部不經濟，如上游的化工廠對下游漁場的汙染；生產者對消費者的外部不經濟，如建築施工對附近居民的影響。

　　可見，外部性的影響也是有好壞之分的。但總體來說，還是弊大於利的。因為外

部性扭曲了市場主體成本與收益之間的關係，很可能導致市場無效率甚至失靈。同時，外部性的存在還會造成社會脫離最有效的生產狀態，使市場經濟體制不能充分實現優化資源配置的基本功能。如果負外部性不能夠被有效遏制，經濟發展所依賴的自然環境資源將會不可避免地受到破壞，最終阻止了經濟前行的腳步。

生態學家哈丁曾提出警告，如果個人不把自己的行為對他人的損害考慮在內，即負外部性，那麼將會帶來潛在的災難。現今，人們已經越來越意識到這種行為在國內乃至國際上的影響。臭氧層破壞、酸雨、河流鹽度增高、砍伐森林和其他環境效應都將產生長期的影響，人們對自己曾經的行為開始反思，並試圖找到解決問題的方式。然而，如何解決外部性的問題並沒有完美的答案，我們現在能做的只能是兼顧效率與公平，既分析政府干預的收益與成本，又要考慮誰收益與誰受損的價值問題。

如果我們總結一下，把這個解決方法擴展開來說，主要有兩個思路：一是政府干預，二是明確產權。

政府干預，就是補貼與徵稅。即對負的外部性徵稅，正的外部性給予補貼。徵稅可以有效地抑制產生負的外部性的經濟活動；補貼可以鼓勵產生正的外部性的經濟活動。當然，政府也可以自己進行正外部性建設，如建造公園與建設國防，都是由政府來完成的。

明確產權，即經由制度來安排經濟活動所產生的社會收益或社會成本，在某種程度上強制實現原來並不存在的貨幣轉讓。

經濟的外部性問題與我們每一個人息息相關。關注經濟的外部性，維護市場經濟的公平與效率，是政府重要的職責所在。總而言之，經濟的外部性問題如果得不到解決，科學發展觀就不能得到最終落實。

21 羊群效應
「隨波逐流」是明智還是愚蠢

心理學家曾做過一個實驗：在一群羊前面橫放一根木棍，第一隻羊跳了過去，第二隻、第三隻也會跟著跳過去，這時，把那根棍子撤走，後面的羊，走到這個位置，仍然會像前面的羊一樣向上跳一下，儘管攔路的棍子已經不在了。這就是所謂的「羊群效應」，也稱「從眾心理」。而在社會生活中，它是指由於對資訊瞭解不充分，投資者很難對市場未來的不確定性做出合理的預期，而往往是透過觀察周圍人群的行為提取資訊，在這種資訊的不斷傳遞中，許多人的資訊將大致相同且彼此強化，從而產生的一種從眾行為。

在資本市場上，「羊群效應」指的是一個投資群體中，單獨投資者總是尾隨其他同類投資者的行動而採取行動，在別人買入時買入，在別人賣出時賣出，導致出現「羊群效應」的因素比較複雜。簡單地說，就像一些投資者可能會認為同一群體中的其他人更具有資訊分析上的優勢。例如，當資產價格突然大幅度下跌造成虧損時，為了遵守交易規則的限制或是滿足追加保證金的要求，投資者不得不將其資產割肉賣出。在目前人們普遍熱衷於股票的情況下，個人投資者能量迅速激增，非常容易形成趨同性的羊群效應，追漲時蜂擁而至，股價暴跌時，恐慌心理開始產生連鎖反應，紛紛驚慌出逃，由此使得能量大幅放大。這種情況也極其容易將股票殺在地板價上。這就是為什麼牛市中股票漲得慢、跌得快，而殺跌時卻總是一步到位的根本原因。

競爭越是激烈的行業就越容易產生「羊群效應」，就像如果一個公司做什麼生意賺錢了，那麼馬上會有一群企業蜂擁而至，直到行業供大於求，生產能力飽和，最後使得這個行業越來越難做，大家才集體撤出。所以說，我們應避免一舉一動都模仿領頭羊，因為這樣難免會缺乏長遠的戰略眼光。

當然，對於職場中的個人而言，「羊群效應」也是經常發生的。比如做 IT 賺錢，大家都想去做 IT；做房地產賺錢，大家也都一擁而上去買地皮；大家覺得嘴裡常蹦出英文的白領看上去風光，於是都去學英語；大學生覺得公務員工作穩定，收入也不錯，於是畢業都去考公務員……。

再舉個例子來説，20 世紀 90 年代，網路經濟一路繁榮，「.com」公司遍地都是，所有投資家都在想盡辦法地賣概念，IT 業的 CEO 們在互相比著燒錢，燒多少，股票就能漲上來多少，於是，越來越多的人蹚進了這攤渾水。直到 2001 年，泡沫經濟破裂，浮華一去不復返，大家這才發現在熱情高漲的市場氛圍下，獲利的僅僅是領頭羊，跟風的都成了犧牲品。而在這其中，傳媒也充當了「羊群效應」的煽動者，一條傳聞經過報紙報導就會成為事實，一個觀點借助電視公布就能變成民意。

但我們要明白的是我們不是羊，我們要用心去思考、去衡量分析自己。只有尋找真正適合自己的工作，而不是所謂的「熱門」工作，才有取得成功的可能。「熱門」的職業不一定適合我們，一味地跟風，結果只能是失敗。

再拿樓市來説，開發商深諳「羊群效應」推動房價之道。比如開發商會在開盤前雇人排隊偽裝買房；有的開發商還故意「捂盤」囤積樓盤，製造市場供不應求的假象；還有的開發商透過各類宣傳單、虛假廣告等不透明資訊，發布預期上漲的謠言⋯⋯。

這些開發商們刻意製造緊張氣氛，在消費者中傳遞房價即將上漲的資訊，促使他們在「羊群效應」作用下出手買進，就這樣消費者的群體性購買行為加上開發商順勢的漲價行為，又進一步加劇了還在猶豫著的消費者「不買還要漲」的恐慌心理。隨後，人們不願看到的事發生了：房價開始不斷飆升。

其實，所有「羊群效應」的發生都是資訊的不完整性和不對稱性造成的，進而影響了市場的人氣。就現在的形式來看，由於開發商們掌控了房價、房源、銷售進程等對購買行為產生決定性影響的資訊，很容易製造緊張氛圍，操縱市場，使得購買者形成「羊群效應」。

22 名人效應
借助實力人物一呼百應

　　一個出版商手裡有一批書籍，滯銷已久不能脫手。一天，他靈機一動想出了一個主意。他拿著一本想要送給總統，軟纏硬磨地徵求意見。忙於政務的總統實在不願與他糾纏，便回了一句：「這本書不錯。」

　　出版商喜出望外，回去之後便大做廣告：「現有總統喜愛的書籍出售！」果然，這些書籍很快被一搶而空。不久，出版商又有一批書賣不出去了。於是，這位出版商又拿著一本書去找總統。上了一回當的總統想奚落他，便對他說：「這本書實在糟糕透了！」出版商腦子一轉，馬上又做起了廣告：「現有總統先生討厭的書籍出售！」同樣，又有很多人爭相購買。

　　當出版商第三次將書籍拿給總統時，總統吸取了前兩次的教訓，為了不再給這個狡猾的商人任何機會，總統拒絕對這本書籍做出任何評價。不料出版商同樣以此大做廣告：「一本令總統先生難以下結論的書，難道你不好奇嗎？」就這樣，該書居然又是大賣。總統被弄得哭笑不得，而出版商在套用總統之名後大發其財。

　　由上面的這則故事，可以看出這位精明的出版商正是巧用名人的聲望，加以炒作來吸引消費者，才使得本來滯銷的書籍銷售一空的。這裡面所暗含的便是「名人效應」了。名人效應是指名人的出現所達成的引人注意、強化事物、擴大影響的效應，或人們模仿名人的心理現象的統稱。它存在於我們生活中的各方面，比如名人代言廣告更加吸引消費者，名人出席慈善活動會使社會關懷弱者的力度加大等。

　　舉個例子來說，我們都知道專家門診要比普通門診生意興旺得多，人們無論大病小病都喜歡找專家治療。其實，這種找名醫治病的心理，也是名人效應的一種。

　　中國明代名醫李時珍成名之後，求醫者甚多。有很多病人都已經請別的大夫看過了，但還是不放心，還要請他再看看。一天，一個腹瀉的病人請李時珍看病，說是請人看過了，但是見效不明顯。李時珍給他把過脈，告訴病人他的病基本上已經痊癒了，只要休息幾天恢復下體力就沒問題了。但病人仍堅持要他開藥，於是，李時珍在路邊隨手拔了幾株草，讓病人用水煎服。這個病人服了所謂的「藥」之後，很快便痊

癒了。其實李時珍隨手拔的草根本沒有藥性，只不過是讓他心裡踏實罷了。

還有一次，李時珍路過某個小鎮，鎮上的一位大財主拿出了幾天前一個郎中開出的藥方說：「這藥我吃了一點都不見效。」李時珍看了藥方上開的是「四君子湯」，即人參、白朮、茯苓、甘草四味。李時珍又給財主把了把脈，發現他氣虛胃寒，服「四君子湯」剛剛好。於是，他沉思片刻，攤開筆墨，替財主另外開了一張藥方，也是四味中藥：鬼益、松腴、楊木包、國老。李時珍讓病人按此藥方連服一個月。財主見這是張新的藥方，心中不由高興，連服了三十天，果然藥到病除。不久，財主登門道謝：「還是你的醫術高明啊！」李時珍笑道：「你的藥沒變過，還是四君子湯啊。人參的別名叫鬼益，松腴正是茯苓，國老跟甘草是同一味藥，楊木包也就是白朮。」

在這件事中，李時珍正是利用自身的名人效應，來安撫病人的情緒，使他們產生一種良性的自我暗示，達到事半功倍的效果。可見，名人效應的影響是多麼強大。

當然，名人效應也不是每次都會有效的。要知道，在現今的社會中，「名人」只是產品與客戶群之間的橋樑，只有產品與顧客之間有著共通點，二者能夠有效結合起來，才能使消費者真正受到「名人效應」的影響。就像現在的房地產行業，特別喜歡請名人來代言。東方銀座請來莫文蔚，星河城請了葛優、王璐瑤、羅大佑、崔健、陳琳等眾多名人，此舉在市場著實流行了一陣子，可惜的是明星亮相之後，其熱度往往都會驟減，仿如流星，轉瞬即逝。可以說，這樣的「名人效應」很難長期支撐一個項目的行銷。美國前總統柯林頓就曾以 1 個小時 1000 萬新台幣的天價在深圳樓市走了一次秀，可謂是登峰造極了。然而，銷售的結果實在是不盡如人意。

房子對於現在的人們來說，絕不是件小事。畢竟房地產不同於化妝品、保健品、普通消費類產品。後者屬於更新換代較為頻繁的消費品，受顧客的心理影響比較大，顧客也比較容易被說服。所以說，想要好的業績，光靠「名人效應」是不夠的，還要有貨真價實的好產品。

其實在現在的經濟社會中，名人本身並不能為企業創造出什麼價值。它給企業帶來的也只是在公眾心中形成一種影響力，以期待產生「示範效應」，最終效果如何還要看產品本身。畢竟現在的消費者越來越理性。因此，我們說，**名人效應對於企業而言，並不是萬能的，也不是一勞永逸的，只有做出好的產品，才是企業成功的關鍵。**

23 霍布森選擇
跳出定勢思維的陷阱

　　思維僵化，當然不會有創新，所以定勢思維是一個陷阱，它讓人們在進行唯一選擇的過程中自我陶醉進而喪失創新的時機和動力。我們要實現目標，就要跳出定勢思維的陷阱。

　　1631 年，英國劍橋有個商人叫霍布森（Thomas Hobson），專門從事販馬生意。他在賣馬時總是向別人承諾：我的馬是最好的，也是最便宜的。只要付出少量的籌碼，不管哪一匹，或買或租都任你選擇。不過當他把馬放出來供買馬人選擇時，卻又額外附加了一個條件：只允許挑選門外的馬。其實這是個陷阱，因為他的馬圈只開了個小小的門，高大威武的馬根本就放不出來，能放出來的只能是矮馬、瘦馬、小馬，任你選來選去，都不會得到滿意的結果。後來人們在決策中就把這種沒有選擇餘地的所謂「選擇」戲稱為「霍布森選擇」（Hobson's choice）。

　　霍布森選擇顯然是一個假選擇，因為它可供人們選擇的內容都是大同小異的。霍布森先給人們展現了一個誘人的陷阱，讓人們被低廉的價格所迷惑，然後紛紛跑到他這裡來選馬，但是因為馬圈的門口太小，人們所選到的馬都不是什麼好馬，或是要花大價錢才能買到自己相中的馬。這樣的選擇，顯然已經落入了「霍布森選擇」的圈套。這也驗證了市場經濟中「買的沒有賣的精」的不變定律[1]。

　　霍布森選擇一直在我們的生活中存在著。雖然在理論上我們有許多的選擇，然而現實中某些限制條件的存在，縮小了我們的選擇範圍，甚至只允許我們有一種選擇。就像在資本主義國家的選舉中，雖然會有各個不同的黨派參加角逐，每個公民也都可以自行投票，可實質上，不管哪個黨派所代表的都是資本家的利益，其本質都是富人們所操縱的形式主義。因為範圍的限定，不管你選擇哪個黨派當政，其結果都不會有

1　商人霍布森的做法其實也不盡然是招攬顧客的詐術，就資源管理上來說，也避免了馬匹出租時，良馬被重複挑選而導致過勞的問題。

太大的差異。這顯然是一個政治上的霍布森選擇的陷阱。在經濟上，霍布森選擇的陷阱也極為常見，像商家消費滿額送現金之類的活動，所贈送的現金抵用券都是受限制的，因為總有一些品牌是不參加活動的，即使參加活動，剛上市的新款商品也是限制使用現金抵用券的。

再舉個例子，對於一個大學生來說，他畢業後可以選擇出國鍍金，也可以選擇留在國內繼續念研究所，還可以選擇自己融資創業等等，表面上看上去有很多選擇，但是由於「囊中羞澀」，以上選擇事實上都是無法實現的，所以，他只能出去找工作。再從另一個角度來說，目前社會上以學歷為光環的風氣，以及父母對孩子進一步深造的期望，都讓他們不得不選擇考研究所，這也是殘酷的現實競爭給選擇套上的無形枷鎖。又比如，在一個風和日麗的週末，你本想在家裡看看書，打打遊戲，可是女友一通讓你陪她逛街或是去看電影的電話，就使你的這些計畫化為泡影。雖然你可以在逛街和看電影中選擇，但是這兩項其實都並非你所願，於是，這又陷入了一個霍布森選擇之中。

可見，無論是政治上、經濟上還是生活中，自由都是相對的，這一點毋庸置疑。有這樣一則格言：「當看上去只有一條路可走時，這條路往往是錯誤的。」在我們的生活中，一旦選擇目標與選擇的限制相衝突，很可能就會出現「霍布森選擇」的尷尬局面。那麼，如何避免落入「霍布森選擇」決策陷阱呢？這就要求我們要利用創造性的思維巧妙地跳開模式化的行為習慣。

從前，倫敦有位商人欠下了一筆鉅款。債主上門要債，看上了商人青春美麗的女兒，便要商人用女兒來抵債。

商人和女兒聽到這個提議後都十分恐慌，狡猾偽善的高利貸債主這時故作仁慈，建議這件事聽從上帝的安排。他說，他將在布袋裡放入一顆黑石子和一顆白石子，然後讓商人女兒伸手去摸，如果她揀中黑石子，那她就要成為他的妻子，商人的債務也就不用還了；如果她揀中白石子，那她不但可以回到父親身邊，他們所欠下的債務也將一筆勾銷；但是，如果她拒絕探手一試，她的父親就要入獄。

雖然不情願，商人的女兒還是答應試一試。於是，他們來到了花園中鋪滿石子的小徑上，協議之後，債主隨即轉過身去彎腰拾起兩顆石子，放入袋子中。敏銳的少女突然察覺：兩顆石子竟然全都是黑的！女孩並沒有揭穿債主，只是冷靜地將手伸入袋子裡，裝作漫不經心地摸出一顆石子。突然，少女的手一鬆，石子順勢滾落到路上的

石子堆裡，再也分辨不出是哪一顆了。

「哎！看我笨手笨腳的，」女孩驚呼道，「不過沒關係，看看袋子裡剩下的這顆石子是什麼顏色的，就知道剛才我選的那一顆是黑是白了。」

袋子裡剩下的石子當然是黑的，陰險的債主既然不能承認自己的詭計，也就只好承認女孩選中的是白石子了。

一場債務風波有驚無險地落幕，女孩取勝的關鍵就在於轉換模式化的思維，換個角度，把最不利於自己的外部條件變成了自己制勝的關鍵。因此，我們可以得出：只要突破傳統思維，我們便能輕鬆地繞開霍布森選擇陷阱。

在霍布森選擇中，人們自以為是按自己的意願做出抉擇，而實際上思維和選擇的空間都是很小的。有了這種思維的自我僵化，當然不會有創新，所以它更像是一個陷阱，讓人們在進行唯一選擇的過程中自我陶醉而喪失創新的時機和動力。要實現特定的目標，就要求我們廣泛調研，深入實際，充分瞭解相關資訊，找出解決問題、實現目標的途徑和相關的限制條件。透過總結和分析，權衡利弊、區分優劣，擬制多種優質預案作為備選方案。只有在此基礎上作出的選擇才是最優方案，才能跳出霍布森選擇的陷阱。

24 恩格爾係數
衡量你生活水準的準繩

19 世紀德國統計學家恩格爾（Ernst Engel）根據統計資料，對消費結構的變化總結出一個規律：一個家庭收入越少，家庭收入中用來購買食物的支出所占的比例就越大，隨著家庭收入的增加，家庭收入中用來購買食物的支出比例則會下降。推而廣之，一個國家越窮，每個國民的平均收入中用於購買食物的支出所占比例就越大，隨著國家越來越富裕，這個比例呈下降趨勢。而其中，**食品支出總額占個人消費支出總額的比重，就是恩格爾係數。**

恩格爾係數在理論上來說能夠比較準確地判定一個國家的經濟發展水準和人民生活的富裕程度。根據聯合國糧農組織提出的標準：恩格爾係數在 59% 以上為貧困；50～59% 為溫飽；40～50% 為小康；30～40% 為富裕；低於 30% 為最富裕。

然而，這個標準對於中國來說卻存有缺陷。以北京為例，來自國家統計局北京調查總隊和北京市統計局的資料顯示：2015 年，全國居民恩格爾係數從 2014 年的 31% 降至 30.6%，連續三年都在下降，按照我們前面提到的標準，也就是說，中國居民的生活已經達到了富裕水準。但是，我們只看食物開銷會掩蓋許多問題。按照恩格爾的原意，除食物開銷之外的家庭主要支出，得以大量用於家庭設施、娛樂等提高生活品質方面的消費，才能算是實現富裕。2015 年，北京市城鄉居民服務性消費繼續擴張，全市居民人均服務性消費支出 16368 元人民幣，同比增長 11.3%，其中城鎮和農村分別增長 11.1% 和 15.0%，增幅分別比商品性消費高 4.7 和 9.7 個百分點；城鄉居民服務性消費在城鄉居民每人平均消費支出中所占比重由上年同期的 48.1%、35.8% 分別提高至 49.1% 和 37.8%。城市居民服務性消費增長主要表現在交通、通訊、醫療、文化娛樂等類別。

實際上，暴漲的醫療費、飆升的房價，還有居高不下的教育支出，都讓中國的受薪階級們不得不節衣縮食地從「牙縫裡」摳錢。所以，恩格爾係數反映的不過是一種長期的變化趨勢，它的主要作用只是幫助人們瞭解消費結構的變化。實際上恩格爾係數低，不過是富裕的必要條件，而不是充分條件。也就是說，如果富裕了，那麼恩格

爾係數一定會低；但恩格爾係數低，卻不一定代表著富裕。

恩格爾係數略低或是下降，其實有主動與被動兩種情況。我們先來看恩格爾係數的主動下降，這意味著居民在收入增加、經濟壓力與生活負擔減輕之後，會自然而然地增加娛樂、休閒方面的消費。然而在恩格爾係數被動下降的情況下，儘管居民用於非食品方面的開銷增加了，但是這種增加卻是出於無奈之舉，並且只會讓人們感覺生活的壓力更重，更加沒有樂趣可言。所以說，**恩格爾係數的主動下降，我們可以視為居民生活品質的提高，而恩格爾係數的被動下降則實際意味著居民精神壓力的增加和生活品質的降低**。所以我們在考量定位恩格爾係數時，應該注意區分資料的主動與被動下降兩種情況，從而對中國居民生活的實際狀況作出準確的判斷和分析。

就目前來看，中國居民總體收入水準雖然在逐步上升，但是卻出現恩格爾係數被動下降，居民普遍感覺生活壓力增大與實際生活品質下降的現象。這也可以說明，在一定程度上，中國居民並未從自身收入的增長中明顯受益。在某一點上表示，中國居民收入增長中的很大一部分都被逐利行業盤剝了，比如說房產業。而要改變這種不正常的經濟狀況，讓居民真正從收入增長與經濟發展中受益，就需要國家與政府在公共服務與社會保障上承擔更多的責任和義務，其中最應該增加醫療衛生與國民教育的投入，健全社會基本保障制度，採取有效措施穩定房屋價格。只有這樣才能在恩格爾係數降低的同時讓人們受益。

所以，恩格爾係數作為分析、評價居民生活水準的重要指標，只是一個相對指標，並不完善。這就要求我們在對某一地區不同時期的居民生活水準作分析時，要結合一些絕對指標和客觀條件。而在對不同地區的居民生活品質作橫向分析時，更要考慮到不同地區的消費結構、實際情況的不同，切不可僅依據恩格爾係數輕易下結論。

25 季芬財
由愛爾蘭馬鈴薯講起

我們在經濟學中所學到的需求理論，是指在其他條件不變的情況下，一種商品的需求量與其本身價格之間呈反方向變動，即需求量隨著商品本身價格的上升而減少，隨商品本身價格的下降而增加。而季芬財（Giffen good）則屬於需求理論的反例，它是指在其他因素不變的情況下，某種商品的價格上漲不僅不會導致需求減少，反而使需求增加，而價格下跌反而會導致需求減少。

舉個簡單的例子來說，在 1845 年愛爾蘭發生了饑荒，農產品價格急劇上漲。馬鈴薯、乳酪、肉的價格飆升，按照需求理論，價格上升需求量應該下降，事實上乳酪和肉的確是如此，可令人不解的是馬鈴薯的銷量卻是一反常態，不僅沒有因為價格上漲而滯銷，反而銷量出奇的高。後來，英國經濟學家季芬（Robert Giffen）仔細研究了這種現象，他發現，馬鈴薯在愛爾蘭人的日常生活中占有很大的份額，而饑荒的發生使人們的生活水準下降了，人們為了節省開支，大大減少了肉和乳酪的消費，轉而把目光放到廉價的馬鈴薯上，於是就出現了隨著馬鈴薯的價格上漲，其銷售量不僅沒有減少反而增加的怪事。後來，為了紀念季芬，經濟學中就把季芬所發現的這一類違反價格彈性規律的商品稱為「季芬財」。

再比如，端午節的粽子雖然要比從前貴，但仍然有很多人去買。因為到了這一天，大多數中國人都會選擇吃粽子，那麼粽子就成為了季芬財。如果有一種粽子的替代品出現，那麼粽子的價格上升必定會引起需求下跌，同時使得另一種替代商品的需求和價格上升。

由此我們可以看出，季芬財的產生必須滿足兩個前提條件：一是這種商品為必需品；二是不存在更廉價的替代品供選擇。

季芬現象作為市場經濟中的一種反常現象，是需求規律中的例外，但也是一種人們無法迴避的客觀存在的現象。在特定的環境條件下，季芬現象總會以不同的形式出現。就拿當年的愛爾蘭人來說，馬鈴薯價格越高人們越買，是在貧困中為了維持生存的一種不得已的選擇。而人們認為一些首飾、跑車等奢侈品也是價格越高銷售量越

大，所以也是季芬財，這種看法是錯誤的。因為這時人們購買是為了顯示自己的身份，提升自己的社會地位，這些奢侈品並不是生活必需品，也不是低檔商品，所以並不能算是季芬財。

綜上所述，我們也可以這樣理解，當兩種同類物品的價格同時提高時，季芬財的價格提高幅度一般小於另一物品，因此導致季芬財的相對價格較低，而又由於替代效應的作用使得季芬財的需求量增加。由此我們可以得出這樣的結論：季芬財的替代效應與其相對價格的變化呈反方向變動，與其價格呈同方向變動，收入效應也與價格呈同方向變動。也就是說，季芬財的價格越高，銷量也就越高。當然，季芬財並沒有違背經濟規律，只是特殊情況下的經濟現象。

26 累進稅
為什麼收入越高納稅越多

人人都懂得納稅，認為這是天經地義的事，卻從來沒有疑問過，為什麼政府擁有收稅的權力？對此，我們只能說稅收是一種社會契約，是政府賴以生存的經濟基礎。如果政府沒有了稅收，那麼在經濟上就難以維持運轉，也自然無法保護公民的權益，所以說納稅是每個公民的義務。用美國最高法院法官小奧利弗·溫德爾·霍爾姆斯（Oliver Wendell Holmes, Jr.）的話來概括——稅收是我們為文明社會的付出。

稅收有一個重要功能，就是可以調節人與人收入的差距，一般所採取的辦法是「累進稅」，其原則是從富人那裡多拿一點錢，用來幫助那些低收入階層。通俗一點說，就是誰工資高、收入高，那麼誰繳的稅就高；誰每個月賺得少，誰繳的稅就低。這裡，為大家舉一個最為常見的例子：王光輝與李琳琳是一對夫妻，王光輝是某銀行的高階專業主管，每個月的工資在 80000 元左右。其妻李琳琳是一家出版社的編輯，每月工資是 35000 元。他們的收入不一樣，所需繳納的稅款也不同。王光輝個人的年度綜合所得稅是 29880 元，而李琳琳是 1200 元[1]。由此可見，累進稅納稅人的負擔程度和負稅能力成正比，具有公平負擔的優點。

累進稅率的形式有全額累進稅率和超額累進稅率。全額累進稅率就是徵稅的物件全部都按其相應等級的累進稅率計算徵稅額。這種形式計算簡單、方便，但卻存在一定的不足之處，即在臨界部位會出現稅負增加不合理的情況。舉例來說，假設張三每年所得淨額 54 萬元，適用稅率是 5%；而李四每月純收入只比張三多了 1 塊錢，是 540001 元，但適用稅率卻上了一個檔次，變成 12%，顯然後者納稅額要增加許多，這樣看來，用全額累進稅率來計算就很不合理。這種情況怎麼辦？我們又要引出一個經濟學概念，即「超額累進稅率」，通過這種形式，就可以解決上述問題。

1　此處採用台灣 106 年度綜合所得稅新制計算。相關訊息可參財務部稅務入口網：www.etax.nat.gov.tw。

什麼是超額累進稅率呢？就是把徵稅物件的數額劃分為若干等級，並對每個等級部分的數額分別規定出相應的稅率，然後分別計算稅額，各級稅額之和為應納稅額。當徵稅物件數額超過某一等級時，僅就超過部分按高一級稅率計算徵稅。

　　2017 年，台灣單身者個人年度綜合所得稅的起徵點為 30.6 萬元（有配偶者為39.6 萬），超額累進稅率的計算方法如下：

應納稅額＝應納稅所得額×稅率－累進差額

2017 年（106 年度）綜合所得稅稅率級距表

級數	綜合所得淨額	稅率	累進差額[2]
1	0～540000	5%	0
2	540001～1210000	12%	37800
3	1210001～2420000	20%	134600
4	2420001～4530000	30%	376600
5	4530001～10310000	40%	829600
6	10310001 以上	45%	1345100

　　我們還以上面的那對夫妻為例，他們的個人所得稅是如何計算出來的呢？先來看王光輝，他應繳納的個人所得稅＝（960000－396000）×12%－37800＝29880（元）；而李琳琳應繳納的個人所得稅＝（420000－396000）×5%＝1200（元）。丈夫王光輝的年收入比妻子李琳琳高 54 萬元，就要多交 28680 元的個人所得稅。

　　累進稅率的特點就是稅基越大稅率越高，稅負呈累進的趨勢。在經濟方面，累進稅率有利於自動調節社會總需求的規模，保持經濟的相對穩定，被人們稱為「自動穩定器」；在財政方面，它使稅收收入的增長快於經濟的增長，具有更大的彈性；在貫徹社會政策方面，它使負擔能力大者多負稅，負擔能力小者少負稅，符合公平原則。累進稅的這些優點，決定了其能被多國廣泛採用。

2　　累進差額＝前一級距最大值×（該級距稅率－前一級距稅率）%。

第3章　像經濟學家一樣思考

解讀我們身邊常見的經濟學現象

27 品牌效應
賈伯斯和他的「蘋果」

在今天手機品牌多如牛毛的時代，從來沒有哪種手機需要使用者連夜排隊去搶購，而 iPhone 卻做到了這一點。按理說，iPhone 的外觀絲毫不時尚，所用的技術也不是最高端的，其價格也不便宜，但它卻讓無數人如癡如醉。有的「果粉」甚至放言：「與蘋果手機相比，其他手機都像玩具。」

顯然，以上言論過於誇張，但蘋果手機確實有著不可質疑的優勢，這一切都要歸功於蘋果的創始人賈伯斯。賈伯斯完完全全站在了使用者的角度去設計產品、研發產品，常常在研發上側重投入改進和用戶體驗相關的東西，如影片體驗、下載體驗、遊戲體驗、音樂體驗等，而非基礎技術上的東西。在他看來，「情感的經濟」將取代「理性的經濟」，只有「與消費者產生情感共鳴」、「製造讓顧客難忘的體驗」，自身的品牌才能走向王道。賈伯斯讓既有的技術變得更好用，賦予了蘋果品牌最完美的操作體驗。

另外，賈伯斯對蘋果品牌的品質要求非常嚴，甚至到了近乎偏執的程度，這是目前很多手機生產者都做不到的。賈伯斯不放過任何一個細微的環節，所以每一個用過 iPhone 的人，都深深被蘋果的一些細節所折服。這些小小的細節並不一定需要多大的科技含量，但卻讓蘋果品牌深入人心，同時也把 iPhone 推向了一個高端位置，進而衍生為一種身分的象徵。正因如此，許多人才喜歡 iPhone，毫不猶豫地選擇 iPhone，說他們盲目崇拜也好，說他們故意炫耀也好，他們一點也不在意，且毫不掩飾自己對這個品牌的崇拜。

品牌及其相關的內容就是產品或服務的縮影。這就是說，當人們說賓士更省錢時，他們認為實際情況就是這樣，即使其他產品的開銷與之相當或更低，他們也不想或不需要進行比較以後再作決定。依此類推，在就業博覽會上，各企業優先選擇國立大學出來的學生，也是認為其素質比其他學校的學生高出一籌；在專賣店中，人們願意花上 4000 元選擇一雙愛迪達的鞋，正是認為愛迪達比同類鞋的品質要好；在酒店裡，一道菜有時會出現上百上千的價格，但饕客寧願多花錢也不會去其他一些價格

便宜、飯菜又好吃的餐館……，人們認為，品牌是一種保證，是一種身分的象徵。

馬斯洛[1]的需求層次理論有五個層次（需求），從低到高依次是生理、安全、歸屬與愛、尊重和自我實現。而品牌效應正是滿足了最後兩個層次的需求。品牌可以讓你得到別人的尊重。某種程度上，品牌說明了你的地位和個人價值，也是一種自我實現的表現，正因如此，很多人心甘情願地選擇心儀的品牌。

那麼，品牌效應真的是合理的嗎？如果其他產品的品質真的不如這個名牌，那麼消費者選擇這種品牌自然無可厚非。但是，如果在產品品質相同的情況下，去選擇價格高的名牌貨，那麼，這樣的消費顯然不太理智。

諸如 2008 年的「問題奶粉事件」就是最好的說明。眾所周知，中國乳製品行業，品牌企業幾乎占了大半江山，消費者一直對品牌廠家的產品情有獨鍾，幾大品牌也早已被列入國家免檢食品的行列，品牌效應盡顯無疑。然而，「問題奶粉」事件卻辜負了消費者的依賴。舉這個例子只想向大家說明，我們對任何商品應該一視同仁，不要有過分跟風式的從眾心理，這樣才能在購買同樣品質的產品時有獨到的眼光。

而對於一些品牌企業而言，則要加大自我監管力度，不斷改善生產技術，改進經營管理，提高產品品質，不斷重塑和提升品牌形象。要充分意識到一個品牌的毀滅要比一個品牌的創立容易得多，千萬不要搬石頭砸自己的腳，讓品牌產生信任危機。

1　　Abraham H. Maslow（1908～1970），美國心理學家。

20 節儉悖論
會花錢的人才會賺錢

18 世紀，荷蘭的曼德維爾（Bernard Mandeville）在他撰寫的《蜜蜂的寓言》一書中曾講過一個有趣的故事。一群蜜蜂為了追求奢華的生活，大肆揮霍，結果這個蜂群沒過多久就興旺發達起來了。而後來，由於這群蜜蜂改變了消費習慣，放棄了奢侈的生活，崇尚節儉，結果卻導致了整個蜜蜂社會的衰落。這則故事中所暗含的即是「節儉的邏輯」，在經濟學上我們稱之為「節儉悖論」。在經濟學史上這個理論曾經讓很多專家為之困惑，直到經濟學家凱因斯從故事中看到了增加總需求與刺激消費對經濟發展的積極作用，這一謎題才得以解開。

凱因斯認為，**在社會經濟活動中，崇尚節儉對於個人或者家庭來説可以減少浪費，積累財富。然而對於整個社會來説，節儉卻意味著支出減少、消費低迷、通貨緊縮，迫使廠商削減產量，解雇員工，減少個人收入，最終也就減少了儲蓄**。同時，節儉還阻礙了經濟發展的腳步，加大了就業壓力。為此，凱因斯無情地鞭撻節儉的儲蓄者。1931 年 1 月他在廣播中説明，節儉將使貧困「惡性循環」。他還告訴人們「如果你們儲蓄了五先令[1]，將會使一個人失業一天。」

按照他的觀點，在資源沒有得到充分利用、經濟沒有發揮出潛在產出的情況下，只有每個人都盡可能多地消費，整個社會經濟才能走出低谷，邁向就業較為充分，經濟向前發展的繁榮階段。後來，凱因斯的解釋發展成為凱因斯定理，即需求會創造自己的供給，具體涵義為：一個國家在一定條件下，可以經由刺激消費、拉動總需求來達到促進經濟發展和提高國民收入的目的。

當然，任何經濟理論都是以一定條件為前提的。凱因斯有效需求不足的理論，也是針對 20 世紀 30 年代世界性的經濟大危機提出的。在他看來，只有有效需求增

1　　Shilling，英國前貨幣單位。

加，即居民減少儲蓄，增加消費，才可以使得國民經濟恢復增長。在這種情況下，節儉悖論確實是可信賴的。

關於這一點，我們也可以換個角度來看。人們通常會把收入按兩種方式分配：消費和儲蓄。而消費與儲蓄呈反方向變動，即消費增加了儲蓄勢必減少，消費減少了儲蓄就會增加。因此，儲蓄與國民收入也呈現反方向變動，儲蓄增加國民收入就會減少，儲蓄減少了國民收入就會增加。按這個道理來看，增加消費減少儲蓄，便會因為增加了總需求而引起國民收入增加，進而促進經濟繁榮；反之，就會導致經濟蕭條，不景氣。由此我們可以得出以下推論：減少消費增加儲蓄會增加個人財富，對個人而言是件好事，但由於會導致通貨緊縮，減少國民收入，引起經濟蕭條，對國民經濟來說顯然是件壞事。

20 世紀 30 年代大蕭條時期，還曾有專家將儲蓄說成「一個特別危險的自我毀滅過程」。最典型的例子就是在 911 恐怖襲擊事件後，美國人一度陷入絕望與悲痛之中，對政局的穩定和經濟的恢復失去信心，不敢輕易消費和投資，個人儲蓄明顯增多，以防未來不可預測的變化。這種保守消費心態的形成一時間就使美國經濟真正跌入低谷、進入低迷期。最後在不得已之下，政府開始扶持美國一些知名企業家，聯合起來投資股票基金市場，並呼籲大家鬆開錢袋子，加大消費和投資的力度，才拯救了美國的經濟。

經濟學家喀爾文‧胡佛教授（Calvin B. Hoover）曾經記錄了這樣一個小故事：「1934 年在華盛頓的一家餐廳裡，當我正準備與凱因斯共進晚餐時，他幽默地調侃了我從擱架上挑選毛巾而避免將其弄亂的優雅舉止。他用手掃了一下擱架，將三條毛巾掃到地板上，並且開玩笑說：『我確信與你非常謹慎避免浪費的做法相比，我對於美國經濟更加有用，因為弄亂這些毛巾可以刺激美國的就業。』可見不管是在物質上還是行為上，並不是越節儉就越有好處。」

中國經濟發展的一個突出特點，就是儲蓄率居高不下而消費率長期處於低谷。因此，正確理解節儉悖論，有助於避免高儲蓄可能帶來的不良後果，包括產品過剩與就業問題等，並且，節約也並不是市場經濟的本質。**市場經濟所講的是供給與需求，刺激消費，拉動需求，加大投資，才會使經濟發展起來。所以，在某種程度上來說，市場經濟並不是提倡節約的**，正如經濟學大師凱因斯所認為，節儉對發展經濟來說是一種悖論。

29 格雷欣法則
別讓老鼠趕走水牛

如果有這樣兩位麵包師：一位做的麵包鬆軟香甜，餡料十足；另一位做的麵包則乾硬、粗糙，缺斤少兩，餡料的味道也不好，但價錢比第一位的低一半。你認為哪一位師傅的麵包會大賣呢？

答案並不一定是第一位。原因是什麼呢？這就要引出格雷欣法則（Gresham's law）。在歷史上，很長一段時間裡，人們所使用的貨幣並不是我們今天所看到的紙幣，而是用金屬打造的鑄幣。這種鑄幣與紙幣不同的是，它本身就具有價值，即其所採用的金屬的價值，而它的面值又與它本身的價值（重量和成色）有著直接關係。因此便帶來了兩個問題：一是鑄造的時候，不能保證每一個鑄幣的重量和成色都是相同的；二是在長時間的流通使用中，一定會因磨損而導致鑄幣的耗損。這樣一來，相同面值的貨幣，其真實價值就會不同了。也就是説，重量輕、成色差的劣幣，其實際價值就會相對低於重量足、成色好的良幣。於是，實際價值較高的良幣便會被普遍收藏起來，並逐步從市場上消失，最終被驅逐出流通領域，而實際價值低於法定面值的劣幣就在市場上獨當一面了。

16 世紀時，英國經濟學家格雷欣爵士（Sir Thomas Gresham）發現了這個現象，並將它稱為「劣幣驅逐良幣」（Bad money drives out good．），後人也稱它為格雷欣法則[1]。它所指明的就是：優秀的並不總能戰勝卑劣的，好的也並不一定能打敗差的。在現實生活中，達爾文的「優勝劣汰」規則也會有失靈的時候。

比如，在人才市場上就存在這種現象。假設市場上有兩位應聘者——「高效能者」和「低效能者」，兩個人都積極地向雇主傳遞自己實力很強的資訊，尤其是「低效能者」想盡辦法把自己偽裝成一個「高效能者」。這時候，畢業院校的知名度和學

1　格雷欣法則是由蘇格蘭經濟學家亨利‧麥克李奧（Henry D. Macleod）命名，但在更早之前，知名的波蘭天文學家尼古拉‧哥白尼（Nicolas Copernicus）就已經總結過該理論的前身。

歷就成為一種較為客觀的衡量工具。通常情況下，大家都會認為那些畢業於國立大學的人要比私立學校的學生更有能力，也更聰明。然而實際上，高學歷並不能代表高能力，國立大學有時候也會出現「低效能者」，但是在沒有更好的選擇的情況下，雇主們只能相信學歷和院校所傳遞的資訊了。

這樣，就把一些「良幣」驅逐出去了。這樣的事情並不少見，在報紙上也曾登載過，一位從海外留學的醫學博士，回國後就職於某家大醫院。他不僅醫術高明，而且醫德高尚，工作認真負責。但他在別人看來有一個「怪癖」，那就是從來不收病人遞上來的「紅包」。這讓其他醫生難以接受，馬上就激起了眾怒。最後，院方沒辦法，只好與他解除了聘僱契約。這還沒完，因為原則上不能讓他毫無理由地離開，所以只能不負責任地給他扣了幾頂不大不小的帽子，對外宣稱他沒有責任心，而不是醫院本身的問題，弄得這位高材生在失業之後的求職之路一直不順利，四處碰壁。最後，只能再次出國尋找出路。

義大利著名作家卡爾維諾（Italo Calvino）曾說過這樣一句話：「在一個人人都在偷竊的國家裡，唯一不去偷竊的人就會成為眾矢之的，成為被攻擊的目標。」仔細想想，不難理解。就像在一群白兔之間突然多出一隻灰兔，就會被大家視為異類，驅逐出境。那位博士高材生也正是如此，雖然他很有能力，但因為沒能「融入」大家，堅持了自己的原則，才被解僱。我們不禁遺憾，這麼優秀的人才，卻偏偏成為格雷欣法則中的「良幣」，被淘汰出局。可有些時候現實就是如此，劣未必會敗，優也不一定能勝；插隊的人總是能捷足先登，排隊的人總是最後才被擠上車；不受賄、不貪汙的人只能受排擠，吃力不討好，即使不干涉他人想要獨善其身也很困難。可以說，社會中，違背「優勝劣汰」的例子比比皆是。

在一個缺乏健全體制和良好秩序的環境裡，作為一個管理者，需要做的就是分清公司裡的人，哪些是啃食企業的「老鼠」，哪些是勤懇就業的「水牛」，不要被表象迷惑，讓老鼠驅走水牛。

30 需求彈性
為何餐廳提供免費續杯

　　幾個女孩一起出門逛街，臨近中午，她們想找一家餐廳歇歇腳。街上大大小小的餐廳一家挨著一家，檔次不相上下，環境都很好，女孩們看花了眼，不知道該選擇哪一家好。忽然，一家打著獨特標語的小店吸引了她們的目光。只見這家餐廳的招牌上寫著：本店飲料免費續杯。於是，女孩們毫不猶豫地走了進去。這家小店服務員的態度非常好，雖然飯菜價格稍貴一些，但吃起來很可口，並且，此店提供冰茶、酸梅湯、檸檬汁的續杯服務。女孩們相互約定，下次還來這裡吃飯，因為這個小店很為消費者著想。

　　那麼，商家為什麼為顧客提供這種服務呢？如果從經濟學的角度看，商家的行為也就不難理解了。在競爭如此激烈的今天，沒有哪一家餐廳能壟斷整個餐飲業。為了獲取利益，餐廳老闆們只能絞盡腦汁想辦法，以保證自己在不被市場競爭排擠掉的同時，還能夠獲得更多的利潤——提供免費續杯，就是餐廳決策者所作的一種策略。

　　一般情況下，餐廳裡提供很多種飲品的續杯服務，但大家留意這些飲品就會知道，其實成本非常低，與菜價比起來根本不算什麼。即使顧客喝到撐破肚皮，經營者也沒有太大的損失，然而，這在消費者看來卻彷彿自己占了很大的便宜，下次自然還會光顧，商家也因此招攬了客源。

　　這裡會涉及一個經濟學名詞，叫做「需求彈性」。所謂需求彈性，就是指在一定時期內，一定程度的價格變動所引起的需求量變動的程度。我們通常用價格彈性係數加以表示：

需求價格彈性係數＝需求量變動的百分比／價格變動的百分比。

　　根據需求價格彈性係數的大小可以把商品需求劃分為五類：完全無彈性、缺乏彈性、單位彈性、富有彈性和無限彈性。

　　其實，像飲料這一類商品，需求彈性很大，所以很多餐廳都會為顧客提供免費續杯的服務，在贏得顧客的同時賺取更多的利潤。以檸檬水為例，它的價值由原料、服務、品牌等組成。如果檸檬水原料的價格比重小於服務和品牌，那麼為你免費續杯的

可能性就很大；如果顧客對檸檬水的需求彈性小，也就是說檸檬水從每杯 30 元降至每杯 15 元，售出的價格變化也不是很大，那麼續杯的可能性就更大。

　　隨著人們生活水準的不斷提高，用餐顧客的人數也在逐漸的增長，餐廳為顧客提供服務的平均成本就會下降，而且餐廳為顧客所做的每一頓膳食所收取的費用都會遠遠高於這頓飯的實際成本。所以，只要能吸引來額外的顧客，餐廳的利潤就會有所增加。而提供免費續杯吸引到的顧客不在少數，因此，無論從哪個角度來說，餐廳都是最後的贏家。

31 馬太效應
為什麼窮者越窮，富者越富

在聖經《新約・馬太福音》中有這樣一則故事：一位國王遠行前，交給三個僕人每人 1 枚銀幣，並吩咐他們：「你們拿著銀幣去做生意，等我回來時，再來見我。」等到國王回來時，第一個僕人說：「主人，你交給我的一枚銀幣，我已賺了 10 枚。」於是國王獎勵他 10 座城邑。第二個僕人報告說：「主人，你給我的 1 枚銀幣，我已賺了 5 枚。」於是國王照例獎勵了他 5 座城邑。第三個僕人報告說：「主人，你給我的 1 枚銀幣，我一直放在口袋裡存著，我怕弄丟，一直沒有拿出來。」於是國王命令，將第三個僕人的銀幣也賞給第一個僕人，並且說：「凡是少的，就連他所有的也要奪過來。凡是多的，還要給他，叫他多多益善。」

這就是所謂的馬太效應（Matthew effect）。**馬太效應的實質是指「好的越好，壞的越壞，多的越多，少的越少」的一種現象。**看看我們周圍，就可以發現許多馬太效應的例子。朋友多的人會借助頻繁密切的交往得到更多的朋友；朋友少的人會一直孤單下去。金錢方面也是如此，即使投資回報率相同，一個比別人投資多 1 倍的人，利潤也多 1 倍。同樣的道理，如果你像第三個僕人一樣保守地選擇儲蓄，那或許你連自己所擁有的銀幣都有可能消失（通貨膨脹、紙幣貶值）。而你若像第一個僕人一樣，大膽地選擇投資，那說不定你將會擁有 10 座城邑。

近些年來，中國市場經濟風起雲湧，人們生活水準不斷提高，隨即產生了剩餘資金的處置問題。是儲蓄還是投資呢？按照現在的經濟情況來看，消費者物價指數（CPI）不斷上竄，物價猛漲，即使銀行頻頻加息也於事無補。大膽的人早在幾年前就已經走上了投資的道路，賺到了第一桶金。

現今社會，窮人通常會把辛苦攢下來的錢拿去存進銀行，因為他們冒不起風險。而富人對銀行的一點小利息根本不放在眼裡，他們更願意拿去做各種投資。這樣問題就出現了，由於現在中國處於負利率時代，2015 年全年 CPI 上漲 1.4%，創 6 年來新高，而銀行的活期利率是 0.35%，一年定期存款利率也不過是 1.50%。那麼，如果任由通貨膨脹吞噬你的財富，你的財富將持續貶值。也就是說，如果你選擇投

資，那麼，你有可能虧，也有可能賺。但如果你選擇了儲蓄，那你將來一定會虧。其實儲蓄就是這樣，你把錢交給銀行，銀行給你利息然後拿著你的錢去投資，多賺的都是銀行的，賠錢當然也是他們自行承擔。好處是你可以拿到利息又不用承擔風險。但由於中國現階段的 CPI 指數較高，所以，不管存活期、存定期，儲蓄的利率根本無法對抗通貨膨脹。這樣的儲蓄也就導致了馬太效應中的「少的越少」，沒錢的越來越沒錢的結果。

老子的《道德經》中有一句話：「天之道，損有餘而補不足。人之道，則不然，損不足以奉有餘。」這也是馬太效應的一個展現。沒有錢的人永遠會選擇最保守的方法，守住自己的財富，可惜這種做法已經不適用於這個時代了。有錢的人會運用自己手中的錢去博得更多的財富。於是，富者就有更多的發展機會，而窮者害怕風險，只能甘於現狀。最後，富者越富，窮者越窮。這也是政府在經濟發展中最害怕的會使貧富差距拉大的馬太效應。處於這樣的時代，如果你還在辛辛苦苦地往銀行存錢，那就真的落伍了。不要做那個被拿走銀幣的僕人，因為不論你如何努力地去積攢，總是會被一隻無形的手拿走你的財富。儲蓄與投資也是如此，不要過於畏懼風險，因為起碼還有贏的機會。每個人的命運都掌握在自己的手裡，選擇好適合自己的投資方式，對市場作出充分的瞭解，然後就放手去做吧！

32 范伯倫效應
為什麼有些人愛買奢侈品

法國國王拿破崙三世是一個喜歡炫耀的人。他常常大擺宴席，宴請賓客。每次宴會，餐桌上的餐具幾乎全是銀製的，唯有他自己用的那一個碗是鋁製的。為什麼貴為法國國王，不用高貴的銀碗而要用色澤暗淡的鋁碗呢？原來，在 200 年前的拿破崙時代，冶煉和使用金銀已有很長的歷史，宮廷中的銀器比比皆是。可是，鋁卻十分罕有，這是因為人們才剛剛懂得從鋁礬土中把鋁煉出來，冶煉的技術還非常落後。所以，不要說百姓用不起，就是王公貴族也用不上。拿破崙讓客人們用銀餐具，偏偏自己用鋁碗，就是為了顯示自己的高貴地位。

現在聽來十分可笑。因為鋁不僅在光澤和性能方面比不上銀，而且現在鋁的價格還極為便宜，誰還會像當年的拿破崙那樣拿它來炫耀呢？

美國經濟學家范伯倫（Thorstein B. Veblen）把消費這種極為昂貴的產品或服務的行為稱為「范伯倫效應」。它是指商品價格定得越高，越能受到消費者的青睞。這一傾向反映了人們揮霍性消費的心理願望。因此，「范伯倫效應」也稱為「炫耀性消費」。這類消費行為的目的不在於其使用價值，而在於其能否有效地炫耀自己的身分。此外，消費心理學研究也表明，商品的價格具有很好的排他性，能較好地顯示出個人的財富水準和社會地位。

舉個例子來說，當今年輕的「富二代」們正逐漸走向公眾的視野。與父輩們步履維艱、艱苦創業不同，他們一出生便繼承了萬貫家產，沒有經過生活的磨煉，使得他們對財富的認識並不全面，人生觀也有一定的缺失。這就造成了他們之中的一些人毫無節制地消費，從消費中尋找尊嚴與存在感的錯誤心理。LV、CHANEL、VERSACE、GUCCI 等昂貴卻不一定實用的世界頂級奢侈品，都成為他們攀比的媒介，歸根到底就是受到「范伯倫效應」的影響，「炫富」心理在作怪。

當然，這種炫富心理其實在普通人的日常生活中也較為常見。就像很多時候，人們買一樣東西，看中的並不完全是它的使用價值，而是希望通過這樣東西顯示出自己的財富、地位或者是其他。但是在中國，炫耀性消費增長的速度遠快於經濟增長。

「范伯倫效應」中不正常的炫耀性消費所帶來的損失是巨大的。當人們一味地看重自己的財富地位、權貴身分時，便會盡其所能地炫耀和攀比，把人生的目標與意義定位在不斷滿足日益膨脹的虛榮心上。在很多貪汙案例中，一些高官都是因為要顯示自己的地位和權勢，滿足自己不斷膨脹的欲望，大肆進行炫耀性消費，最終放棄了原則和法律，導致權錢交易、貪汙受賄，直至鋃鐺入獄。此外，炫耀性消費還會導致資源浪費，這種非理性的消費，浪費了本可以節省的財物與資源。單就中國現況來看，資源狀況已經制約了經濟的發展，人們生活基本需要與社會生產的資源都難以保證，如果還在進行炫耀性消費，實非明智之舉。

　　隨著經濟的發展，人們的消費也會隨著收入的增加逐步由追求數量和品質過渡到追求格調與身分上來。瞭解了「范伯倫效應」，不僅可以使我們的消費更加理性化，避免炫耀性消費，還能使企業改變其行銷策略與產品結構，合理進行資源配置。

第 4 章　經濟學賽局

讓你精於成功謀略

33 賽局理論
賽局理論是一種「遊戲理論」

近幾年來，賽局的觀點頻頻出現在各類經濟分析活動中。那麼，賽局究竟是什麼？對現代經濟生活又有什麼指標意義呢？

簡單來說，賽局理論（Game theory）[1]是一種「遊戲理論」，是一些**個人或團隊，在一定的規則約束下，仰賴所掌握的資訊，在平等的對局中，各自利用對方的策略變換自己的對抗策略，以達到取勝目標的理論。**

大家都知道「田忌賽馬」的故事，其實這就是一個最典型的賽局。戰國時期，齊王和大將田忌賽馬，雙方各出三匹馬各賽一局。馬根據好壞分為上、中、下三等。田忌的馬比齊王同一等的馬差，但比齊王低一等的馬好一些，若用同一等馬比賽，田忌必然連輸三局。每局的賭注為一千金，那田忌就要輸三千金。田忌的謀士孫臏建議他在賽前先探聽齊王賽馬的出場次序，然後用自己的下等馬對齊王的上等馬，中等馬對齊王的下等馬，上等馬對齊王的中等馬。結果以負一局、勝兩局贏得一千金。

其實，賽局就是根據不同的遊戲規則產生與之相對抗的策略。在這場比賽中，孫臏只是抓住了規則中的某些漏洞，耍了點小聰明，而這個小聰明也剛好體現出賽局的智慧所在。

零和賽局

在《伊索寓言》中有這樣一則小故事，講的是狐狸與熊之間的賽局。一天傍晚，狐狸踱步來到了水井邊，俯身低頭看到倒映在井底水面的月亮影子，牠認為那是一張大烙餅。於是，這隻餓得發昏的狐狸跨進一個吊桶，下到了井底，隨後與之相連的另一個吊桶便升到了井口邊。身處井底的狐狸才明白這張「大烙餅」是吃不得的，自己已經犯了致命的錯誤，處境十分不利，如果想不出辦法就只有等死了。於是，牠期待著另一個飢餓的替死鬼來打這張「大烙餅」的主意，把牠從井下的窘迫處境中換出

1　又稱為對策論、博弈論。

來。可是一天一夜過去了，沒有一隻動物走近水井。就在絕望的狐狸無計可施之時，剛好一隻口渴的灰熊途經此地，狐狸不禁喜上眉梢，牠熱情地對灰熊打招呼：「喂，朋友，我免費招待你一頓晚餐，你覺得怎麼樣？」看到灰熊流口水的樣子，狐狸指著井底的月亮對灰熊説：「你看這個大烙餅，我自己也吃不完，不如你鑽到桶裡，下到井底來，我們一起吃吧。」狐狸眉飛色舞地編織著謊話，灰熊果然中了牠的圈套，跨進桶裡去了。而牠的重量也剛好使狐狸升到了井口，於是這隻被困的狐狸終於得救。

在這個故事中，狐狸和灰熊所進行的賽局，我們稱為「零和賽局」（Zero-Sum game），它也是賽局的一種，在中國早年的經濟競爭中尤為常見。「零和賽局」是一種完全對抗、強烈競爭的對局。它是指**賽局中的各方在激烈的競爭下，一方的收益必然意味著另一方的損失，賽局各方的收益和損失相加總和永遠為「零」，雙方不存在任何的合作**。然而到了今天，除了主權鬥爭和軍事衝突之外，現實經濟生活中一般很少出現類似狐狸與灰熊這種「有你沒我」的局面。因為在市場經濟下，想要有長遠的發展，就要和別人合作，雙方互利互惠，這樣才可以獲取最大的利益。所以**市場經濟最巧妙的地方，就在於它是雙方認可的**，任何一次交易都要經過雙方同意，讓買方也賺錢、賣方也賺錢，達到雙贏的效果，財富就創造出來了。所以，我們要想在事業上游刃有餘，有更長遠的發展，就要避開「零和賽局」，用更巧妙的賽局思考獲取更大的利益。

價格戰

在現實生活中，我們經常會遇到各式各樣的價格大戰，如空調大戰、冰箱大戰、電信大戰、超市大戰等等。其實，廠商價格大戰的過程實際上也是一場賽局，且價格戰的結果，通常是誰都沒賺到錢。因為賽局雙方的利潤已經在「促銷」與「打折」中弭平了，所以這種長期的價格戰對廠商而言無異於自殺。

在整個價格戰中，有兩個問題是我們不得不面對的，一是競爭削價可能導致的零利潤結局；二是如果不加入價格戰，無異於在敵對賽局理論中坐以待斃。所以，在一般情況下，有實力的企業都會採取「消耗戰」，先在成本上下足工夫，把價格壓到最低，再經過「持久戰」後，通常對手的生命力都會被消耗掉，最後形成壟斷價格，並盡力獲取壟斷利潤，而這就是賽局中勝利的一方。當然，也會有在壟斷過程中失敗的情況，而且這種情況居多。因為只要資本支撐不住，就會前功盡棄、損失慘重，企業

也會元氣大傷。

　　簡單來說，賽局理論就是研究對局中雙方利用對方的策略變換自己的對抗策略，以達到取勝的目的的理論。每個參與者**在決定採取何種行動時，不但要根據自身的利益和目的行事，還必須考慮到他的決策行為可能會對別人造成的影響。透過選擇最佳行動計畫，來尋求收益或效用的最大化。**

34 資訊不對稱
決策失誤的原因

　　貧窮的猶太人費爾南多在週五的傍晚抵達一座小鎮。他沒有錢吃飯，更住不起旅館，只好去猶太會堂找執事，請他介紹一個可以在安息日提供食宿的家庭借宿一晚。

　　「安息日」是猶太教的一個古老節日。猶太教的律法規定，一週的第七天為「安息日」，是休息的日子。因為猶太人日曆的一天是從第一天黃昏開始到第二天下午結束，所以週五晚上便是一週第七天的開始。「安息日」具體指的就是週五的黃昏到週六的下午。回到故事裡來，執事打開了記事本，查閱了一下，對他說：「這個安息日，經過本鎮的窮人特別多，每家都安排了人，除了開珠寶店的西梅爾家，只是他為人比較吝嗇，向來不肯收留外地客人。」

　　「放心吧，他一定會接納我的。」費爾南多自信地說。在執事的指引下，費爾南多來到了西梅爾家門前，舉起手輕輕地在緊鎖的漆紅色大門上敲了三下。西梅爾一開門，費爾南多就神祕兮兮地把他推到一旁，從大衣口袋裡取出一塊磚頭大小、沉甸甸的包裹，小聲問道：「西梅爾先生，聽聞您對金銀素有研究，請問磚頭大小的黃金可以賣到多少錢呢？」

　　西梅爾眼睛一亮，這不就是自己日思夜想要做的大買賣嗎？可是，現在已經到了安息日，按照猶太教的規矩不能談生意了。但西梅爾又捨不得讓這送上門的大買賣落入別人手中，便連忙挽留費爾南多在自己家中留宿，等到明天日落後再詳談。

　　於是，在整個安息日裡，美酒佳餚、舒適的客房，費爾南多受到珠寶店老闆西梅爾的盛情款待。好不容易等到了週六晚上，西梅爾迫不及待地催促費爾南多把「貨」拿出來看看。「什麼金子？我哪有金子啊？」費爾南多故作驚訝地說，「我不過是想知道一下，磚頭大小的黃金能值多少錢而已。」

　　人們通常會將自己所看到的、聽到的、感覺到的經驗當做真實存在的。對他們而言，所謂的「真實」，只不過是將他們從外面世界裡獲知的部分資訊誤以為真，從而構建了他們的認識而已。聰明的猶太人費爾南多正是利用了人們這一種心理特徵，引出話題，設計出故事的前半部分，讓珠寶店老闆西梅爾依據自己開始時提供的資訊去

進行一些「合理」的推論，從而達到自己的目的。從這個故事中我們可以引申出一個經濟學名詞，即「資訊不對稱」（Information asymmetry）。

資訊不對稱，是指**在社會政治、經濟等活動中，一些成員擁有其他成員無法擁有的資訊**，由此造成資訊的不對稱，**從而產生交易關係和契約安排的不公平或者市場效率降低等問題**。再來説前面的故事，費爾南多掌握的真實資訊是「磚頭」，而西梅爾所掌握的資訊是「黃金」，這就造成了資訊的不對稱。

在現實的市場經濟中，資訊不對稱的情況較為普遍。其影響之大，往往降低了市場配置資源的效率，造成占有資訊優勢的一方在交易中獲取了大部分的剩餘，出現因資訊力量對比過於懸殊而導致的利益分配結構嚴重失衡的情況。

舉個經濟學中比較經典的例子。假設有一個二手車交易市場，裡面的車雖然表面上看起來都差不多，但實際上車的品質卻存在很大差別。賣主對自己車的品質是很清楚的，而買主則無法知道車的真實狀況。假設汽車的品質由好到壞分布是比較平均的，品質最好的車可以賣到 50 萬元，那麼，買主會願意出多少錢買一輛他不清楚品質的車呢？一般來說，最正常的出價是 25 萬元。那麼，賣主會同意成交嗎？很顯然地，有 50 萬元價值的「好車」主人，是不會將車在這個市場上出售的。如此一來，整個市場進入惡性循環，直到買車的人發現有一半的車退出市場後，他們就會判斷剩下的車都是中等品質以下的了。於是，買主的出價就會降到 15 萬元，而賣主對此的反應是再次將品質高於 15 萬元的車退出市場。由此下去，市場上的「好車」數量就會越來越少，最終被車況差的車驅逐出市場。導致這個二手車交易市場的瓦解。在這裡，人們通常所作出的都是「逆向選擇」（Adverse selection），而造成這種現象的原因就在於資訊的不對稱。

可以説，資訊對稱是供需雙方得以等價交換的必要前提。但是在資訊極大複雜化的現代社會中，卻很難做到這一點，資訊不對稱已成為無數商家競爭、獲取利益的手段。從合作談判到行銷廣告，從待人處世到談婚論嫁，資訊不對稱的影子到處可見。

在市場經濟中，掌握「資訊不對稱」的策略，將會為我們帶來難以估算的價值，能讓我們作出更為理性化的決策。同時還可以讓我們避免被他人的假象所迷惑，在談判等過程中，得以辨偽存真，掌握大局。

35 奈許均衡
肯德基旁邊為何總有麥當勞

在大部分城市，我們經常會見到同一種現象：商店雲集的街道上，大多是人頭攢動，門庭若市；而在一些只有一兩家商店的街道上，卻十分冷清，即使是有人路過，也無人購買。

若是再仔細觀察，我們還會發現一個更有意思的現象：往往同類型的商家總是喜歡聚集在一起。比如屈臣氏、康是美常常隔路而望；肯德基、麥當勞總是緊緊相隨⋯⋯。原因是什麼呢？這就要引出一個經典的賽局模型了──奈許均衡（Nash equilibrium）。

奈許均衡，又稱為非合作賽局均衡，是賽局理論的一個重要術語。它是由美國數學家奈許[1]提出來的，為一種重要且十分常見的賽局均衡。奈許均衡主要描述的是：**在這一均衡下，每個參與者都確信，當其他人不改變策略時，自己此時的策略是最好的。如果某個人單獨改變策略，偏離目前的均衡位置，那麼自己的收入就會降低。**奈許均衡狀態是市場力量相互作用下的一種穩定局面。

舉個例子來說，有一家公司擁有半條街的店面，平時這些店面就用來作為該公司產品銷售的門市。可是這幾年來公司業務一直不景氣，生意也冷清了不少。恰好這條街附近有一個很大的住宅區，於是公司只好撤了門市，對外招租。

有一對夫婦率先來到這裡租下了一個小店面，沒想到生意出奇得好。漸漸地，許多小吃店都聚集到了這條街上，不久，這條街就成了遠近聞名的小吃一條街。見租房的人生意這麼好，對外出租的公司便動起了腦筋。收回租出去的全部店面，攆走了所有在這裡經營風味小吃的人，搖身一變，自己經營起小吃生意來。但誰也沒料到，僅僅一個月，這條街巷又冷清了起來。許多經常來的食客，慢慢地也不再來了。公司的

---

1   John F. Nash Jr.（1928〜2015），1994 年和其他兩位賽局理論學家約翰・海薩尼（John C. Harsanyi）和萊因哈德・澤爾騰（Reinhard Selten）共同獲得了諾貝爾經濟學獎。

效益出奇得差，自己獨家做生意的收入竟還沒有對外出租的收入高。公司經理百思不得其解，於是便去詢問一位德高望重的經濟學專家。

專家聽了，微笑著問經理：「如果你去吃飯，是到一條只有一家餐館的街上去，還是要到一條有十幾家餐館的街上去？」經理說：「當然是哪裡餐館多，選擇機會多，就去哪裡。」專家聽了，微微一笑說：「那你的公司壟斷了整條街的小吃生意，與在同一條街上只有一家餐館又有什麼區別呢？」經理幡然醒悟：有競爭才會有活力。回去後，他迅速縮減了自己公司的門市，只留下一家店做小吃生意，將其餘的店面全部對外招租。這條街巷的生意逐漸又恢復了往昔的熱鬧。

許多人都會把自己的對手視為心腹大患，恨不得除之而後快，卻不明白一個強勁的對手會讓你時刻都充滿危機感，激發出你更加旺盛的精神與鬥志。這便是奈許均衡，一個沒有對手的局勢，永遠都無法達到均衡。

再舉個肯德基與麥當勞的例子。我們都知道，肯德基與麥當勞在產品的口味和價格上並沒有太大的區別。這樣一來，消費者對於肯德基或是麥當勞的選擇，通常只會看哪一家店比較近，反正口味與價格都差不多，又何必捨近求遠呢？試問，如果這時兩家店都希望自己能夠離消費者更近一些，那麼店鋪應該開在哪裡比較合適呢？

現在假設肯德基與麥當勞都想在同一條街上開店。一種策略是將整條街從 0 到 1 分成 4 等分。肯德基在街的 1/4 位置，麥當勞在街的 3/4 位置，就可以公平地解決這個問題。因為根據這種配置，每家店的範圍都是 1/2，消費者離兩家店都是最近的。然而，我們知道商家從來都是以最大限度地獲取利益為目的，又怎麼會甘心於這種 1/2 的劃分呢？

因此，在利益的驅動下，兩家店都選擇了在 1/2 處開店，不流失任何顧客，於是就湊到了一起。由此我們也可得知，原本雙方各占 1/4 位置的分配不是一種穩定的配置。

我們在開始的時候所說的一些日常生活中大家都熟悉的現象，現在應該清楚原因了。即只關心自己眼前利益的「理性人」假設，且條件許可，同類型的商家將幾乎趨向於緊緊相鄰，擠在中心點就是唯一穩定的策略和唯一的奈許均衡。這也就是城市商業中心形成的原理，完全可以看作是市場競爭的結果。

肯德基與麥當勞所選擇的，就是奈許均衡的位置，在這個位置上誰要是單獨移開一點就會喪失這「一點」市場份額，所以誰都不願意偏離這個市場中心點。因此，從

上文我們可以得出：只有兩家店緊挨在街的中心位置開張，才是最穩定的「奈許均衡」，當然，前提是兩家都是以追逐利益為目的，這就是經濟學上的「理性人」。**理性人的特徵是利己的，就是想盡辦法擠占對方的地盤，最終造成雙方「劍拔弩張」、擠在中點的局面。**

36 囚徒困境
為何結局不盡如人意

　　在經濟學中有一個經典的悖論，講的是兩個嫌疑犯作案後被員警抓住，分別關在不同的屋子裡接受審訊。員警知道兩人都有罪，但因為證據不足無法判刑。於是，員警告訴兩個人，如果兩人都不認罪，各判刑 1 年；如果兩人都坦白承認，各判 8 年；如果兩人中一個坦白而另一個抵賴，坦白的會被釋放，抵賴的判 10 年。

　　於是，每個嫌疑犯都面臨兩種選擇：坦白或抵賴。然而，不管同夥選擇什麼，每個嫌疑犯的最佳選擇是坦白。因為如果同夥抵賴、自己坦白的話就會被釋放，自己不坦白的話判 1 年，那麼，坦白比不坦白好；如果同夥坦白、自己坦白的話判 8 年，不坦白的話判 10 年，那麼，坦白還是比不坦白好。結果，兩個嫌疑犯都選擇了坦白，各被判刑 8 年。

　　其實，我們都明白，最好的結果是兩人都抵賴，各判 1 年。但是人類的理性其實通常都只是個人的理性，而不能導致集體的理性，所以兩個人才會都被判刑 8 年。聰明的人類常會因自己的聰明而作繭自縛，這就是經典的經濟學理論──囚徒困境（Prisoner's dilemma）。

　　在這個經濟學悖論中我們可以得知，**個人理性與集體理性之間存在著矛盾，並且個人理性的正確選擇還會降低集體的福利**。當然，囚徒困境也是可以破解的，這個方法就是「無限次賽局」，即無限次合作。舉個例子來說，比如中東石油輸出國組織（簡稱 OPEC）的成立，該組織成立的目標就是要限制各石油生產國的產量來保持石油價格，以便獲取更多的利潤。可以說 OPEC 之所以能夠成立，各成員國之間之所以能夠合作，就是因為它的協議是長期的，合作也是無限次的。如果是一次性賽局，或是有限次的賽局的話，那也就不會成功了。比如在一次性的合作中，每個成員國都不用為下次合作打下良好的基礎，那麼他們都會抱有這樣的想法：只要其他成員不增加產量，我增加一點點產量對價格也不會有什麼影響。結果每個國家的產量都增加了一點點，總量也就上去了，最終造成石油價格的大幅下跌，大家的利潤都受到損失。當然，一些產量增加較少的國家損失的就更多。再比如，在有限的五次合作中，

在第五次賽局中，各成員之間就會採取不合作態度，因為大家都想趁最後一次機會占一次便宜，反正以後也不會合作了。

在理論上，如果合作是無限期的，那麼雙方都會考慮長遠利益，因此，他們的合作是會成功的。但只要合作是有限次的，那合作必定不會成功。基於此，我們也可以說，**個人理性無法透過市場達到社會福利的最優，因為每一個參與者都無法確信其他參與者是否能同自己一樣遵守市場規則**。就像是人們所熟悉的股市，股市的參與人數雖然龐大，但實際上歸結起來，卻只有多與空、散戶與散戶、機構與機構之間的雙方「賽局」。對於股市中的賽局雙方來說，當股市漲到最高點時，無論是對機構還是散戶來說，任何一方的最大利益都在於「我賣了而你沒賣，我便能獲得最大盈利」。然而，對於雙方來說其實還有一種最理想的狀態，即「所有人都不賣，把股市推向一個更高點，大家都有更多利潤空間」。但現實中結果卻大相徑庭，由於人與人之間無法達成合作，因此才讓「囚徒困境」起到了決定性的作用。

其實，在生活中這種囚徒心理普遍存在，比如職場中的勾心鬥角、店家間的價格戰、商場上的背信棄義。其實說到底，就是怕自己吃虧，但結果往往是互相被拉下水，誰也得不到好處，硝煙過後其實並無贏家。很多時候，使自己陷入「囚徒困境」的其實是自己的心態。

要想擺脫「囚徒困境」有個直接的方法，就是雙方都要付出代價，捨去自己不願失去的東西，猶如壯士斷臂，不得不為。只有這樣割捨掉自己一部分的利益，尊重、服從於群體的利益，才能真正實現共贏的局面。

37 懦夫賽局
狹路相逢勇者勝

　　在電影《天下無賊》中有這樣一個場景：劉德華扮演的王薄與盜竊團夥黎叔手下的一名小弟比誰的膽子大。兩人同時站在急速飛馳的火車頂上，而這時火車即將開入隧道。比賽的規則是在火車進入隧道前，誰先躲，誰就算輸。可是誰都知道，如果不能及時避開，就會被撞得粉身碎骨。所以，在這場賽局中，要想獲勝就一定要在對手閃開後、火車進入隧道前躲避，只有在這個間隙中躲避，才能安全順利地獲勝。

　　這樣的賽局被稱為「懦夫賽局」（The game of chicken），也叫「鬥雞賽局」。據說這個賽局的原始模型是來自一部 20 世紀 50 年代的美國電影《無故的反叛》（Rebel Without a Cause），情節的設計要求賽局的參與者奈爾和麥克兩名車手同時駛向對方，如果有一人因為害怕撞車，在最後時刻把車轉向，那麼這個人就會輸掉比賽，被視為懦夫；倘若兩人都不肯轉向，不肯掉頭，兩車就會相撞，那麼，兩人都會非死即傷；而要是兩人同時將車轉向，避免危險發生，那在這個賽局中就沒有勝利者。雖然這是電影裡的情節，但現實中許多問題都有它的影子。比如在單行道上，兩輛相向行駛的車狹路相逢，互不相讓。從賽局的實質來看，如果雙方能採取一種合作態度，至少是部分的合作態度，譬如一方主動讓道，選擇轉向，無論如何對結果來說都是有利的，但實際情況往往與理論相去甚遠。

　　在這場鬥智鬥勇的「懦夫賽局」中，我們怎麼樣才能毫無損失地成為勝利者呢？這就要求我們懂得「威懾戰略」了。所謂「威懾戰略」，就是要求我們表現出來勢洶洶、義無反顧的樣子，以勢不可擋的氣勢震住對方。「狹路相逢勇者勝」指的就是這個意思。當然，威懾戰略雙方都可以採用。若對方表現得比你還兇猛，你就要權衡利弊了，畢竟與「愣頭青」拚命是不值得的。下面這個小故事就很明確地說明了「威懾戰略」的效果：在一場血腥激烈的戰役之後，倖存下來的兩個士兵狹路相逢了。他們都已身心疲憊，傷痕累累，但雙方都堅持對峙，目光對著目光，槍口對著槍口。終於，有一方的士兵心理底線先崩潰了，撲通一聲跪地求饒。當另一方士兵吃力地奪過其手中的槍支時，才發現裡面根本沒有子彈。這時，他也一下子癱倒在地，暈過去

了，因為他也早就已經筋疲力盡。

可見，**有沒有勢不可擋的勇氣，有時並不需要真正的較量，只需將其意圖傳遞給對方即可。**在很多情況下，賽局都是在比誰更有威懾力。就像我們平時說的：「軟的怕硬的，硬的怕橫的，橫的怕不要命的。」

一個滿臉塵土、衣著簡樸的農民乘坐長途客運去市區，因為帶的東西太多，而被人們嘲諷、指責，蜷縮在車尾角落裡。車行到半途，突然被一個兇狠的歹徒攔了下來，歹徒用刀頂住司機的脖子，眼見一場搶劫全車乘客的事件就要發生，農民突然氣勢洶洶地站了起來，大叫一聲：「住手！」並寫了一張紙條傳過去。歹徒讀完字條，臉色馬上變了，竟然迅速下車跑掉。這時大家都很詫異地問農民：「你是員警嗎？」「不是。」「你是軍人嗎？」「也不是。」「那你怎麼這麼有本事啊？」「說實話，我今天正好帶著借來的大筆錢準備給兒子看病，要是被他搶走的話我也只有死路一條了，所以只能鋌而走險了。我在紙條上寫的是：快滾！我是一個持槍在逃犯，惹火了我就殺了所有人。」

這個小故事很明白地解釋了「橫的怕不要命的」的威懾作用。其實，這個方法同樣可以用於我們在經濟中的賽局。比如在市場經濟領域，價格戰是競爭最為常見的手段，在價格戰初見端倪時，最簡單有效的辦法就是以快速有力的反擊來打敗對手。

這也是我們通常所說的「狹路相逢勇者勝」的道理。它同時也告訴我們，在懦夫賽局中，誰畏懼，誰就會失敗。只有不失時機、迅速地作出反擊，樹立一個不計後果、魯莽的形象，才能在「懦夫賽局」中做一個勝利者。

38 博傻理論
可以傻，但別做最後一個傻瓜

我們都知道，在投機行為中，只要你不是最後的那個笨蛋，那你就是贏家。在這個過程中，想要贏利，關鍵是判斷「有沒有比自己更大的笨蛋」。如果有，那麼剩下的只是賺多賺少的問題；如果再沒有一個更大的笨蛋願意出更高的價錢來做你的「下家」，那麼你就成了最大的笨蛋。所以，你必須睜大眼睛，可以做笨蛋，但絕不能做最後一個笨蛋。

著名的經濟學家凱因斯為了能夠全心全意地投入學術研究中而不被金錢所困擾，曾外出講課以賺取鐘點費謀生。但這樣的收入畢竟是有限的，於是在 1919 年 8 月，他跟朋友借了幾千英鎊去做遠期外匯這種投機生意。然後僅用了 4 個月的時間，他就淨賺 1 萬多英鎊，相當於他 10 年的鐘點費收入。但在 3 個月之後，凱因斯就把賺到的錢和借來的本金輸了個精光。7 個月後，他再次涉足投機生意，做棉花期貨交易，又大獲成功。

凱因斯幾乎做遍了所有期貨種類，而且還涉足了股票。直到 1937 年他「金盆洗手」的時候，已經積攢起常人無法想像的巨額財富。

與其他賭徒不同，對經濟學有著較高造詣的凱因斯在這場投機賽局中，除了賺取高額的利潤之外，最大的收穫就是發現了「博傻理論」（Greater fool theory）。那麼，什麼是「博傻理論」呢？對此，凱因斯曾舉過這樣一個例子：在 100 張照片中選出你覺得最漂亮的一張臉，選中的有獎。但確定哪一張臉是最漂亮的，則要由大家投票來決定。

試想一下，如果是你，你會怎樣選擇呢？通常這時我們都會意識到，因為有大家的參與，所以我們的最正確策略並不是選出自己認為的最漂亮的那張臉，而是猜想大多數人會選誰，然後再投誰一票，哪怕這張臉醜得不堪入目也無妨。所以在這裡，你的行為是基於對大眾心理的猜測，而並非你自己的真實想法。

因此，現在我們要選的不是根據個人最佳判斷確定的真正最漂亮的面孔，甚至也不是一般人認為的真正最漂亮的面孔。我們必須作出第三種選擇，即運用我們的智慧

預測一般人的意見，判斷一般人的意見應該是什麼。這與誰最漂亮無關，你要做的是預測出其他人會認為誰最漂亮。

「博傻理論」所要揭示的，就是投機行為背後的動機，**投機行為的關鍵是判斷「有沒有比自己更大的笨蛋」，因此，只要自己不是最大的笨蛋，那麼自己就一定是贏家。**

同樣的理論也出現在藝術品拍賣或期貨交易中。某些東西的價格之所以被越抬越高，高到遠遠超出其真實價值，原因就在於購買者堅信還會有一個更大的傻子出現，所以將來一定能以更高價格脫手。

這裡舉個簡單的例子來幫助理解。一天，有個人去古玩市場，這時有位商人向他推銷一種錢幣，金黃色的，商人告訴他這是金幣，要賣 200 元。這個人一眼就看出來這是假的，是以黃銅偽造的，最多也就值 1 元，於是便對商人說：「1 元的東西，你會花 200 元買嗎？不過我還是願意以 10 元買下來。」商人看出他是識貨的，不敢繼續騙下去，最後便以 10 元成交了。這個人的老婆知道了這件事，不禁埋怨道：「你太傻了，明知道只值 1 元的東西，你竟然花了 10 元買下，這不是傻瓜嗎？」這個人說：「我是很傻，但這並不重要，因為我知道肯定會有一個更大的傻子肯花 20 元把它買走。」過了幾天，果然有人花了 20 元把這個「金幣」買走了。

從這個例子中我們也可以明白：即使自己買貴了也沒有關係，只要找到一個比自己更傻的人就成功了。我們之前說的房市和股市也同樣是這個道理，如果做第一個傻子，那你就是成功的，做第二個傻子也可以嘗到甜頭，只要別做最後一個傻子就行。

39 智豬賽局
既要辛苦勞動，也要學會搭便車

在經濟學賽局理論中有一個經典模型，就是「智豬賽局」（Pigs payoffs）。這個理論講的是，有一頭大豬、一頭小豬生活在同一個豬舍裡，共用一個長食槽。食槽的一頭有個控制豬飼料供應的按鈕，只要豬用嘴一拱，食槽的另一側就會掉下豬飼料。如果有一隻豬去啟動按鈕，另一隻豬就有機會搶先吃到落下的食物。若是小豬去啟動按鈕，大豬就會在小豬跑到食槽前吃光所有的食物；但若是大豬去啟動按鈕，則還有機會在小豬吃完剩下的食物前跑到食槽，搶一點殘羹吃。那麼，兩隻豬各會採取什麼策略呢？結果只可能是一種：小豬舒舒服服地趴在食槽邊等食物落下來，而大豬則為一點殘羹不知疲倦地往返於按鈕和食槽之間。

這是為什麼呢？因為對小豬而言，如果自己去啟動按鈕，結果只有一種，就是一無所獲。如果不去，結果就有兩種：一是大豬去拱按鈕，牠可以不勞而獲；二是大豬也不去，雙方耗到底，大家一起餓死，這與小豬去啟動按鈕的結果是一樣的。所以，小豬一定不會去啟動按鈕；反過來，對大豬而言，如果小豬去啟動那是最好的了，但如果小豬不去，自己就必須去啟動，因為大豬的體力消耗比較快，如果乾耗著肯定耗不過小豬。最終大豬只能去啟動，並跑回來搶一點殘羹吃，至少也還算有些收穫。

在「智豬賽局」中，大豬沒有占優策略，而小豬有占優策略，所以，雙方的最佳選擇是大豬去啟動按鈕。這個賽局理論中的經典案例，反映出了社會經濟中最為常見的現象——搭便車（Free rider problem）。在經濟學裡，這頭小豬就叫做「搭便車者」。其實，許多人並未讀過「智豬賽局」的故事，但在生活中卻還是會自覺地使用小豬的策略，也就是「搭便車」，比如股市上等待莊家抬轎的散戶們；市場上等待產業中出現具有贏利能力的新產品、繼而大舉仿製牟取暴利的熱錢；公司裡不創造效益但卻分享成果的人等。

在企業團隊中，「智豬賽局」的例子也十分常見。因為團隊的業績和利益都是集體的，那麼弱者（小豬）即使努力勞動，其換來的團隊業績和利益提高也是有限的，由於有限，難以得到別人的認同，那麼弱者就會選擇等待、渾水摸魚。而強者（大

豬）為了得到別人的認同和獲取更多的利益，只能選擇努力勞動來提高集體業績，但所得的成果又不得不與弱者共同分享。在這種利益均等分配的制度下，有的人就會像例子中「搭便車」的小豬一樣，發現即使自己偷懶、不勞動，仍然能有東西吃，因為有其他人在努力。而偷懶帶來的享受，遠遠比團隊損失對自己造成的損失要實惠得多。這雖然在道德上說不過去，但似乎卻是一種理智的行為。所以，**要建立高績效的團隊就不能把重點只放在團隊整體績效的管理上，還要重視團隊成員的角色搭配和績效任務的分配，讓每一個團隊中的成員都能夠充分地發揮作用**，進而促進整體團隊績效的提高。

在求職應聘時，智豬賽局理論也時常會存在。一所知名大學對外公開招聘兩名教師，分別負責新聞學和傳播學的教學工作。招聘初期，應聘者眾多，競爭異常激烈。經過筆試、面試、複試的層層選拔後，有兩名教師 A 和 B 順利入圍，並最終錄取。學校規定，新聞學的教師月工資是 4 萬元，而傳播學的工資是 3 萬 2 千 5 百元（由市場人才的稀少性決定）。但由於兩人都有新聞學和傳播學的雙學位，所以都想從事新聞學教學。現在的情況是，A 的新聞學教學經驗優於 B，筆試的成績也略高於 B，正常來說，A 肯定會順理成章地從事新聞學的教學工作，A 對此也頗有信心。在和學校交流的時候，A 除了詳談自己新聞學的教學能力之外，為了證明自己的能力和才華，還談起了自己傳播學的教學經歷。此時的 B 採取的競爭策略實在令人費解，他談完自己新聞學的教學經歷之後，就開始否認自己傳播學的教學能力，甚至還刻意貶低自己在這方面的修養，並說自己如果教傳播學怕是會誤人子弟。就這樣，結果出人意料，B 順利地從事了新聞學教學工作，而 A 只能退而求其次地教傳播學。

為什麼會是這樣的結果呢？這就要用「智豬賽局」來分析了。整個招聘過程，聲勢浩大、費時費力，最後的兩名入選者已經耗費了學校的精力和時間。因此，即使 B 否認了自己很多的能力，學校也不可能再勞師動眾地重新招聘了。而由於 B 在傳播學上的欠缺，也就只能讓他教新聞學了，A 屬於兩項都能的全才，那麼教傳播學也無所謂，就這樣，A 在無意之中變成了能力全面的大豬，讓能力有所欠缺的 B 得到了便宜。

其實這樣的例子不僅發生在日常生活中，在國際經濟政治中也常見。許多國家的政府是由一個大政黨和一個或多個小政黨組成的聯合政府，一般而言，大政黨都願意扮演支持合作的一方，委曲求全，確保聯盟不會瓦解；而小政黨則堅持它們自己的特

殊要求，這些要求通常都是過分的，但遇到這種情況，大政黨為了得到民眾支持和自身利益，並避免衝突的發生，就會被迫同意。又比如在北約內部，美國承擔了很大比例的防務開支，大大便宜了日本和西歐。美國經濟學家曼庫爾‧奧爾森（Mancur L. Olson, Jr.）將此一現象稱為「小國對大國的剝削」。

大豬奔波忙碌，小豬卻不勞而獲。「智豬賽局」雖然損害了付出努力的人，侵犯了他們的權益，然而卻也符合賽局理論的規律，也是一種富有智慧的競爭。因此，我們既要辛勤勞動，也要學會搭便車。

40 鯰魚效應
競爭讓人富有激情

　　挪威人特別喜歡吃沙丁魚，尤其是活魚。所以，市場上活沙丁魚的價錢，要比死了的沙丁魚價格高出許多。為此漁民想盡各種辦法讓沙丁魚活著返回港口，可是雖然經過種種努力，沙丁魚還是大批大批地在中途因窒息而死亡，唯有一條漁船總能讓絕大多數的沙丁魚活著回到港口。對於這點，該船長一直嚴格保守著祕密，直到他去世之後，謎底才被揭開。原來船長在裝滿沙丁魚的木桶裡放進一條以魚為主要食物的鯰魚。鯰魚進入木桶後，由於環境陌生，便四處游動。沙丁魚見到鯰魚十分害怕，亂衝亂撞，四處逃竄，加速游動。這樣一來，沙丁魚缺氧的問題就迎刃而解了，這就是著名的「鯰魚效應」（Catfish effect）。

　　「鯰魚效應」對於市場經濟以及現代企業管理都有著尤為重要的預警作用。如果在市場上出現了一家技術與資金都占有絕對優勢的企業，就一定會刺激到該行業內的其他企業，使它們迅速活躍起來，積極參與市場競爭，從而使市場整體更為高效。

　　同時，「鯰魚效應」**也是啟動員工熱情最為有效的方法之一。**因為一個組織如果內部人員長期穩定不變，就會缺乏活力和新鮮感，逐漸產生惰性，沒有生機，其後果就是造成組織內部員工的效率低下、人浮於事。這時候，如果向該組織引進所謂的「鯰魚」，就會有效地刺激和激勵組織內部人員的熱情。所以，只有增加內部人才競爭度，才會使員工產生危機感，進而提升他們工作的主動性，最終使企業內部形成你爭我趕、人人努力的良性競爭氛圍，如此一來，整個組織的工作效率和水準都將不斷提高。

　　在這方面，日本的本田汽車公司做得非常出色，值得我們借鑑。本田先生有一次在對歐美企業進行考察時，發現這些企業的員工基本上由三類組成：一是不可或缺的天才，約占二成；二是以公司為家的奮鬥型人才，約占六成；三是終日東晃西逛，不知進取的蠢材，約占二成。本田先生這時檢視了一下自己的公司，發現在自己的公司中，缺乏進取心和敬業精神的人員也許比這裡還要多。那麼如何增加前兩類人，使第三類人減少呢？如果對第三類型的人員實行完全淘汰裁員，一方面會受到工會和輿論

的壓力；另一方面，重新招攬新人、重新培養也會使企業蒙受損失。而且，這些人也能完成工作，只是缺乏主動性，如果全部淘汰，顯然是行不通的。

　　後來，本田先生從鯰魚故事中得到啟發，決定全力進行人事方面的改革。他首先從銷售部下手，因為銷售部經理的行事作風和公司要求的精神相距太遠，而且他的甘於現狀、不思進取的狀態已經嚴重影響他的下屬。所以，必須找一條「鯰魚」來打破銷售部維持現狀、沒有工作熱情的沉悶氣氛，否則公司的發展將會受到嚴重影響。經過周密的安排，本田先生終於從其他公司把年僅 35 歲的武太郎挖了過來。武太郎接任本田公司銷售部經理之後，憑藉自己過人的學識和豐富的市場行銷經驗，以及先進的理念與工作熱情，得到了銷售部全體員工的認同，員工的工作熱情有效地被鼓舞起來，工作效率不斷提升。公司的銷售業績也出現了轉機，銷售額直線上升，尤其在歐美市場的知名度不斷提高。本田先生對武太郎上任以來的努力非常滿意，這不僅在於他工作上的表現，還包括他所帶領的銷售部員工的工作熱情和活力不斷提升。本田先生為自己有效地利用了「鯰魚效應」而驕傲。

　　從此，本田公司每年都會從其他公司裡「挖掘」出一些精明能幹、思維敏捷、30 歲左右的激進型人才，有時甚至不惜重金聘請常務董事一級的「大鯰魚」。這樣一來，公司上下的「沙丁魚」都有了觸電似的感覺，大家都全心全意地投入工作中，業績也蒸蒸日上。

　　現在的管理者，一般都懂得利用「鯰魚效應」來進行管理。不斷從其他公司引進人才，營造一種充滿憂患意識的競爭環境，使組織恆久保持活力，最終實現「引進一個，帶動一片」的人才效益。但這樣做卻也存在著弊端，因為**如果長期從外部引進高端人才，會使內部員工失去晉升的機會和發展的空間，使他們或者被磨掉銳氣，或者離開公司**，企業也會慢慢失去生機。

　　所以，一個企業要真正發揮出「鯰魚效應」的實質作用，就必須在**兼顧企業內部員工利益的同時不斷補充新血**，把那些年輕、富有進取精神的人才引到公司的中層管理崗位，為那些習慣懶散、故步自封的人帶來競爭壓力，借助這些高素質的「鯰魚」使企業不斷發展壯大。

41 獵鹿賽局
雙贏才是最好的結局

　　啟蒙思想家盧梭（Jean-Jacques Rousseau）的著作——《論人類不平等的起源與基礎》中有這樣一個故事：

　　在一個村莊裡，有兩個獵人，靠上山打獵為生。山上主要的獵物只有兩種：鹿和兔子。如果兩個獵人齊心合作，始終堅守在自己的崗位上，他們就可以共同捕獲一頭鹿。要是兩個獵人分頭行動，僅憑一個人的力量，是無法捕到鹿的，但卻可以抓到 4 隻兔子。從不用挨餓的角度來看，4 隻兔子可供一個人吃 4 天；而如果兩個獵人平分一頭鹿，則可供每人吃 10 天。也就是說，從賽局理論的角度分析這兩個獵人的行為決策，就形成這樣一個模式：如果分別打兔子，每人可以吃 4 天；如果合作獵鹿，每人可以吃 10 天；如果一個人去抓兔子，另一個人去打鹿，那前者收益為 4，而後者將一無所獲，收益為 0。所以，在這個賽局中，結果只可能有兩種：要麼大家合作打鹿，每人吃 10 天；要麼兩人分別打兔子，每人吃 4 天。

　　這就是「獵鹿賽局」（Stag Hunt Game），又稱「獵鹿模型」、「獵人的帕雷托效率（Pareto efficiency）[1]」。它所體現的事實是，兩人一起去獵鹿的好處遠比各自打兔子的好處要大得多。用一個經濟學術語來說，就是這樣做更符合帕雷托最適原則。但是在這個故事中卻有一個隱含的假設：兩個獵人的貢獻和能力都差不多，所以可以均分獵物。但是到了現實中卻顯然不會這麼簡單，因為如果一個獵人的貢獻大、能力強，他就會要求自己多分配一些，這樣分配的結果就可能讓另一個獵人覺得利益受損而不願意合作。合作雙贏的道理其實大家都懂，但在實際中很難做到的原因就在於此。

　　1904 年的夏天，在美國聖路易斯舉行世博會期間，有一個製作糕點的小商販把自己的糕點手推車搬到了會展地點的附近。慶幸的是，政府允許了他在會場附近販賣

1　經濟學中的重要概念，也稱帕雷托最適或帕雷托最優。

他的薄餅；不過很遺憾，由於夏日炎炎，薄餅並不能引起別人的興趣。而旁邊一個兜售冰淇淋的小商販卻剛好相反，冰淇淋賣得非常快，冰淇淋商販也忙得不亦樂乎。只是一會兒盛冰淇淋的杯碟便不夠用了。這時，心胸寬廣的糕點商販將自己的薄餅捲成錐形做為杯子用，冷的冰淇淋和熱的薄餅巧妙地結合在一起，受到了大家的歡迎，被譽為「世界博覽會的真正明星」，這就是今日已經風靡全球的蛋捲冰淇淋。它的發明也被人們稱為「神來之筆」。

兩個小商販的無意之舉卻成就了風靡世界的經典。我們是不是也該回頭想想，自己是不是錯過了很多因合作就可以創造奇蹟的機會呢。

目前，大企業的強強聯合隨處可見，比如日本兩大銀行的聯合[2]、跨國汽車公司的聯合等均屬「獵鹿賽局」，這種強強聯合達到的效果就是資金更加雄厚、生產技術突飛猛進、在世界上占有絕對優勢的競爭地位，其所發揮出的影響更是無與倫比。總之，他們將餅做得越大，雙方的收益也就越高。就像上海鋼鐵集團與寶山鋼鐵公司的強強聯合一樣，因為寶鋼有著效益、資金、管理水準、規模等方面的優勢，上鋼也有著多年的運營經驗和生產技術的優勢，兩個公司實施全面合作，充分發揮各自的優勢，激發出了前所未有的發展潛力，從而形成一個更大、更有力的團體。

透過以上的例子，我們應該從中體會到，**合作才是利益最大化的武器**。許多時候，對手不僅僅是對手，正如矛盾雙方可以在一定條件下轉化一樣，對手也可以變為盟友，市場經濟下商場中不會存在永遠的敵人。作為競爭的參與者，企業要分析清楚自己處於賽局中的哪個位置，並據此選擇最適合自己的策略。有對手才會有競爭，有競爭才會有發展，才能實現利益的最大化。

2　指 2006 年東京三菱銀行及日聯銀行合併，成立三菱東京日聯銀行一事。

42 合作賽局
犀牛和啄牛鳥的情誼

　　合作賽局（Cooperative Game）也稱為「正和賽局」，主要是指賽局雙方的利益都有所增加，又或者至少是一方的利益增加，而另一方的利益不受損害，使整個社會的利益總和有所增加。**合作賽局所採取的合作方式，也可以說是一種妥協，其所以能夠增進妥協雙方以及整個社會的利益，就是因為合作賽局能夠產生「合作剩餘」**[1]。至於合作剩餘在賽局各方之間怎樣分配，取決於賽局各方的力量對比和技巧運用。所以，妥協必須經過賽局各方的討價還價，達成共識，進行合作。

　　在非洲大草原上，生活著一種十分可愛的動物——犀牛。犀牛的性情急躁兇悍，當牠發脾氣的時候，即便獅子、大象也都畏牠三分。但是牠卻能容忍一種非常弱小的小動物——啄牛鳥，任牠在自己背上蹦跳嬉鬧，隨意玩耍，牠們是形影不離的親密朋友。儘管犀牛身體大部分皮膚都堅如鐵甲，可是褶皺處的皮膚卻嫩薄無比，經常遭受吸血昆蟲的侵襲。面對這種情況，即便犀牛疼癢難忍，但也無可奈何。這時棲息在犀牛身上的啄牛鳥就發揮作用了，那些藏在犀牛皮膚皺褶裡的惡蟲就是牠的佳餚。啄牛鳥總是自由自在地在犀牛背上玩耍，有時還毫不客氣地爬到犀牛的嘴巴、鼻尖上，不斷地吃掉小蟲，把犀牛照顧得舒舒服服，自己也吃得飽飽的。

　　與此同時，啄牛鳥借助犀牛利角的保護，也免於遭到鷹等猛禽的傷害。不僅如此，犀牛雖然有著敏銳的聽覺和嗅覺，但牠的眼睛卻是天生近視，每當危險情況發生，啄牛鳥總會給犀牛發出警報，平時看起來傻頭傻腦的犀牛馬上提高警惕，隨時準備反擊或是逃跑。久而久之，牠們便建立了非常深厚的感情，互相都離不開彼此了。

　　上面這一則來自自然界的例子明確地說明了合作的根本。一直保持著合作的關係，並且能識破、懲罰欺騙者和破壞者，這在自然界來說，是必不可少的。同理，這種原則也適用於人類社會，也是人類最根本的法則。

1　指合作者藉由賽局合作所得到的純收益。

43 動態賽局
海盜如何分配財寶

動態賽局（Dynamic game）主要是指參與人的行動是有先後順序之分的，且行動在後者可以觀察到行動在先者的選擇，並據此作出相應的選擇。動態賽局的難點在於，在前一刻最優的決策有可能在下一刻就不是最優的了，所以在求解上發生很大的困難。動態賽局指**參與人的行動有先後順序，不同的參與人在不同時點行動，先行動者的選擇影響後行動者的選擇空間，後行動者可以觀察到先行動者做了什麼選擇，**正是因為如此，為了做最優的行動選擇，每個參與人都必須這樣思考問題：如果我如此選擇，對方將如何應對？如果我是他，我將會如何行動？針對他的應對，什麼是我的最優選擇？

下面，我們以美國著名的雜誌《科學人》（*Scientific American*）上發表的一篇名為〈兇殘海盜的邏輯〉[1]為例來說明。5 個海盜搶到了 100 枚金幣，每個人都想得到這些金幣，他們決定按照如下方法進行分配：

首先，抽籤決定自己的號碼（1、2、3、4、5）；

其次，先由 1 號提出分配方案，然後 5 個人進行表決，當超過半數的人（含半數的人）同意時，按照他的提案進行分配，否則他將被扔入大海餵鯊魚；

再來，1 死後，再由 2 提出分配方案，然後 4 人進行表決，當超過半數的人（含半數的人）同意的時候，按照他的提案進行分配，否則他也將被扔入大海餵鯊魚。之後按照這種方法類推。

條件：這 5 個海盜都是絕頂聰明的人，都可以理智地對得失進行判斷，繼而作出選擇。

問題：假如 1 對這 100 枚金幣進行分配，如何才能保證利益最大化，並且保證自己安然無恙，不被丟下海餵鯊魚？

1　*A puzzle for pirates*，由英國數學家、科普作家伊恩・史都華（Ian Stewart）發表。

倘若你是 1，會怎麼制定提案呢？均分是大家常見的一種選擇，但是它沒有滿足利益最大化的要求。

思路：

一、只剩 4、5 時，4 可以拿走全部。5 毫無辦法，所以 5 必須同意 3 的分法，當然前提是 3 要給 5 一點好處。

二、由上，因為 3 死掉，4 可以拿全部，所以 4 不可能會同意 3，而且在剩 3、4、5 的情況下，3 也不需要 4 的支援。所以 3 給 5 金幣 1 枚，自己拿 99 枚，4 沒有。

三、而 4 也知道這一切，所以在剩下 2、3、4、5 的情況下，他必須支援 2，當然，前提也是 2 給他一點好處。同上，2 只需要 4 的支持就夠了。所以相比自己死後 4 什麼都得不到，2 可以分給 4 金幣 1 枚，不給 3、5，自己拿 99 枚。

四、剩下的依此類推可以得出結果。1 所要做的就是給 3 和 5 一些甜頭，所以最終的分配方案為：98、0、1、0、1。

我們還可以從上面的故事中逆推出一個案例。

假設路人 A 在路上拾得 100 元，這一過程恰好被路人 B 看到，見者有份，於是兩個人開始琢磨怎麼分配這 100 元。我們可以做出一個極端的假設，即由路人 A 來提出分配方案，也就是說 A 來決定給 B 多少錢。假如 B 不接受 A 的提議，那麼兩個人就只能把錢交到員警手中，誰都不能得到。

在這種情況下，路人 A 應該如何來分配這 100 元呢？我們不妨先來進行一個假設。事實上，這個例子就是「海盜分寶」的簡化，也就是說，路人 A 和路人 B 就相當於上面例子中的兩個海盜在分金幣。說到這裡，想必智慧的您一定已經猜出答案來了吧？

不過，在我們的生活中，實驗經濟學和賽局理論的專家們曾經做過許多試驗，這種試驗最早開始於德國，後來又流傳到美國、歐洲及以色列、日本、東南亞等國家，其中提出給路人 B 40～50 元的人占受試者的 40～60%；另外有一半的人提出雙方應均分這 100 元；還有不到 30% 的人則提出非常不平均的分配方案，這樣的方案被對方拒絕的概率非常高。人們總是認為，這是因為給路人 B 的比例太少造成的。

直到 2002 年的時候，諾貝爾經濟學獎的獲得者弗農·史密斯[2]做了一個實驗：在美國以每次 100 美元對實驗者進行刺激，在印尼則以每次 20 萬盧比（相當於參加實驗者 3 個月的工資）、4 萬盧比和 5 千盧比對受試者進行刺激，得到的結果是支持公平的分配方案。這就說明了人們在現實生活中進行決策並不只是出於經濟上的動機，更多的還是考慮對方行為的目的。

　　人類會產生有恩報恩、有仇報怨的念頭。對於善待我們的人，我們總會不計代價地回報他們；對於那些虧待我們的人，我們也會犧牲自己的利益去對其進行報復。在這種情況下，不平均的分配方案理所當然就被拒絕了。

2　　Vernon L. Smith（1927～），為創立實驗經濟學研究領域奠定了基礎。

44 混合策略
員警與小偷間的「周旋」

在資訊賽局中，假如在每個給定資訊下只能有一種特定策略供選擇，那麼這個策略就是「純策略」（Pure strategy）；假如在每個給定資訊下只以某種概率選擇不同策略，就是「混合策略」（Mixed strategy）。混合策略是純策略在空間上的概率分布，純策略則是混合策略的特例。純策略的收益可以用效用表示，混合策略的收益只能以預期效用表示。

有這樣一個故事：在美國的一個小鎮裡有名員警，他的職責就是對整個鎮的治安進行管理。我們可以進行如下假設：在這個鎮上有一家小酒館，和小酒館遙遙相望的另一面有家銀行。再假設這個小鎮上只有一個小偷。因為人員有限，員警一次只能前往一個地方巡邏，小偷也只能選擇到員警不巡邏的另一個地方活動。假如員警選擇了小偷活動的地方巡邏，就可以把小偷抓住；但是假如小偷選擇了沒有員警巡邏的地方作案，就可以偷竊成功。如果在銀行可以偷竊到 2 萬元，酒館是 1 萬元。員警應該如何巡邏才能更完善地保護銀行和酒館的財產呢？

我們經常見到的，同時也是較容易被員警採納，且在我們的生活中也很常見的一種做法，就是員警對銀行進行巡邏。這樣一來，員警便可以保護 2 萬元的財產不被小偷偷走。換個角度想想，要是小偷到了酒館那一頭作案，偷竊行動就一定會成功。以上這種做法是員警最好的選擇嗎？答案當然是否定的。那麼，還有更好的辦法嗎？

當然了，我們完全可以利用賽局理論的知識對以上策略進行改進。

員警可以利用的一個最好的策略，就是採用抽籤的方式決定是到銀行還是到酒館巡邏。銀行需要保護的財產是酒館的兩倍，我們可以用兩個籤來代表，例如，抽到①、②號籤到銀行巡邏，抽到③號籤的時候則到酒館去。這樣一來，員警便有 2/3 的機會到銀行巡邏，1/3 的機會到酒館。

但是這種情況之下，小偷也可以制定出一個最優的策略：小偷一樣可以利用抽籤的辦法來決定今天是到銀行還是酒館作案，和員警不同之處在於，抽到①、②號籤的時候就到酒館，抽到③號籤的時候到銀行。在這種情況下，小偷有 1/3 的機會在銀

行作案成功，2/3 的機會能偷到酒館的財物。

員警和小偷之間的賽局，正是利用了混合策略的思維。

還有一種更為具體的例子就是「剪刀、石頭、布」的遊戲。在這個遊戲當中，純策略均衡是不存在的。對每個玩這個遊戲的孩子來說，出「石頭」、「布」還是「剪刀」的策略是隨機的，不可以讓對方猜想到自己的策略，哪怕是策略傾向性都不行。萬一對方知道自己準備出哪個的策略可能性偏大的時候，那麼在遊戲中輸掉的機會也就增多了。

另外一種較為常見的混合策略典範是猜硬幣遊戲。例如在一場籃球比賽開始之前，裁判將手中的硬幣拋向空中，讓雙方隊長來猜手裡的硬幣究竟是正面還是反面。因為硬幣產生正面或者反面都是隨機的，概率都是 50%。那麼，參與猜硬幣遊戲的雙方選擇正面或者反面的概率也都是 50%，這時候賽局達到混合策略奈許均衡（Mixed Strategy Nash Equilibrium）[1]。

上面所說的賽局類型和囚徒困境的案例還是存在很大差異的，也就是不存在純策略奈許均衡點，有的只是混合策略奈許均衡點。在這一均衡點之下進行的策略選擇，對於每個參與者來說都是最優（混合）策略選擇。

站在員警或者小偷的角度上來計算最佳混合策略，會發現一個比較有趣的共同點，即他們兩個的成功率都是相同的。也就是說，在員警採用自己的最佳混合策略的時候，可以把小偷的成功概率（5/9，收益為 $2 \times 1/9 + 1 \times 4/9 = 6/9$）帶到對方採用自己最佳的策略的時候所達到的成功概率（4/9，收益為 $2 \times 2/9 + 1 \times 2/9 = 6/9$）。

這種情況並不是巧合，而是所有利益嚴格對立的賽局具有的一個共同點。此一結果我們稱之為「最大最小策略」（Maximin strategy），是由數學家約翰・馮諾曼[2]發現的。這一理論指出，在兩人零和賽局中。參與者的利益嚴格相反（一人所得等於另一人所失），每個參與者盡量使對手的最大收益最小化，而他的對手則努力使自己的最小收益最大化。他們這樣做的時候，會出現一個令人驚訝的結果，即最大收益的

1　指雙方所採取的最佳策略不是在策略中選擇一個，而是在不同策略中各採取「一定的機率」。

2　John von Neumann（1903～1957），美籍猶太人數學家，是現代電腦與賽局理論的重要創始人。著有《電腦與人腦》。

最小值（最小最大收益）等於最小收益的最大值（最大最小收益）。雙方都沒辦法改善自己的收益，因此這些策略造成這個賽局的均衡局面。最大最小策略的證明相當複雜，不過其結論卻很實用。假如你想知道的只不過是一個選手之得或者另一個選手之失，你只要計算其中一個選手的最佳混合策略並得出結果就行了。

幾乎全部混合策略的均衡都有一個相同點：**每個參與者對自己的任何具體策略都表現出很不在乎的感覺。**當有必要採用混合策略的時候，首先應該做的是找到策略的方法，也就是說要讓對方感覺他們的任何策略對你下一步的選擇都沒有任何影響。

這聽起來好像是向著混沌無為方向的一種倒退，事實上，真實情況並不是我們看見的這樣。因為它正好符合「零和賽局」的隨機化動機：首先，一定要發現對手行為的規律，並且據此採取相應行動。要是他們的確更傾向於採取某一種特殊的行動，這也僅僅表示他們選擇的是最不好的一種策略。相反地，也應該避免一切會被對方占先機的模式，把自己的最佳混合策略進行到底。

因此，採取混合或者隨機策略，並不等同於毫無策略地「胡來」，這裡面依然有很強的策略性。其基本要點就是，**運用偶然性防止別人發現你的規律並占你的便宜。**

45 拍賣賽局
機制與策略哪個更重要

　　隨著人們對資訊不對稱、賽局理論的深入瞭解，經濟學家們發現，在很多情況下，人們會本能地採取撒謊、隱藏或者策略性的行為，做出一些違反本性的事情。隨著拍賣的進行，越來越多的經濟學家意識到，**比拍賣策略更為重要的是拍賣的機制**。

　　我們可以透過下面的事例來詳細地瞭解。

　　旅行者甲和乙在一個以出產瓷器的著名地區遊覽，他們各買了一個瓷花瓶，坐飛機的時候辦理了托運。提取行李的時候，發現花瓶碎了，於是他們向航空公司索賠。航空公司估算花瓶的價格在 1000 元左右，但不知道這兩位旅客購買的準確價格。航空公司要求兩位旅客在 1000 元以內自己寫下花瓶價格，若兩人寫的相同，表示他們說了真話，就照他們寫的數額賠償；如果兩人寫得不一樣，那就認定寫的低的旅客講的是真話，按這個低的價格賠償，並對講真話的旅客獎勵 100 元，對講假話的旅客罰款 100 元；如果兩人都寫 1000 元，兩人都會得到 100 元的獎勵。

　　甲想，假設乙寫的是 1000 元，自己寫 990 元，則自己會獲得 1090 元；而乙想，若甲寫的是 990 元，他自己寫 980 元比寫 1000 元好，因為這樣自己獲 1080 元，而自己若寫 1000 元，當甲寫 990 元的時候，自己卻只獲 890 元。

　　如果讀者有興趣，還可以做一個實驗：選擇幾個人，讓這幾個人都猜一個數字，這個數字必須是 1 或 100 之間的整數。條件是：誰最接近所有實驗者所猜數字平均值的 1/3，誰就可以得到 100 元。

　　這個時候，每一個人都會想：如果一開始其他人都是隨機地選擇數字，50 就會是所有人的猜測。這個時候，猜 50 的 1/3 也就是大約 17 可能會贏。然而，每一個人都會猜到 17 這個數字的時候，大家就會猜測 17 的 1/3，也就是 6 左右。依此類推，這個遊戲中的每一個人最終猜測的結果是唯一最小的數字，那就是 1。

　　然而，上面所講的故事都只是賽局中一種最佳的情況。在現實中，我們的理性是有限的，所以不可能完全做到這一點。正因為如此，在生活中，越來越多的事情需要我們懂得賽局內在的機制。

什麼樣的機制能夠使人們說出真話？我們該建構什麼樣的拍賣形式，使得這個賽局的結果就是人們的目標？近年來，經濟學家在這方面取得了很大的突破，對機制設計具有深遠意義。

　　至今為止，拍賣機制主要有四種：英國式拍賣、荷蘭式拍賣、第一價格拍賣和第二價格拍賣。

英國式拍賣

　　亦稱增價拍賣，是最普通的一種拍賣方式，它是指拍賣標的的競價由低向高依次遞增直到以最高價（達到或超過底價）擊槌成交的一種拍賣。簡單地說，就是誰出價高誰獲勝。拍賣前，賣家可設定保底價，當最高競價低於保底價時，賣家有權不出售此拍賣品。當然，賣家亦可設定無保底價，此時，到達拍賣截止時間時，最高競價者成為買受人。

　　網上英國式拍賣與傳統英國式拍賣有所區別。傳統拍賣對每件拍賣品來說，不需要事先確定拍賣時間，只要數分鐘即可結束拍賣；而對於網上拍賣來說，則需要事先確定拍賣的起訖時間，一般是數天或數週。例如，在 eBay 拍賣網站，拍賣的持續時間多為一週。由於網上拍賣的持續時間較長，這使得許多網上競買人具有「狙擊」情況，即直到拍賣結束前的最後數分鐘才開始出價，試圖提交一個能擊敗所有其他競買人的出價，並使得其他競買人沒有時間進行狙擊。應對在拍賣的最後時刻出價的一種方式是在固定的時期內增加擴展期。例如，擴展期設定為 5 分鐘，這意味著如果在最後 5 分鐘內有出價，則拍賣的關閉時間自動延長 5 分鐘。這一過程一直持續下去，直到 5 分鐘以內沒有新的出價，拍賣才終止。這種方式有效地解決了「狙擊」現象。另一種方式是實施「代理競價」機制，eBay 解釋它的代理系統為「每一個競買人都有一個代理幫忙出價，競買人只需告訴代理希望為該物品支付的最高價格，代理會自動出價，直到達到最高價格」。

　　英國式拍賣的缺點也是十分明顯的。既然最後的競買人所出的價格只需比前一個最高價高出很少的部分，這麼一來，每個競買人都不願立刻按照自己的預估價出價。另外，競買人要承擔一定的風險，他隨時都會被令人興奮的競價過程吸引，而事實上出價早就超出了預估價，這種心理現象稱為「贏者詛咒」（Winner's curse）。

荷蘭式拍賣

又稱為減價拍賣，指的是拍賣標的的競價由高到低依序遞減，直到第一個競買人應價（達到或超過底價）時擊槌成交的一種拍賣方式。相較於英國式拍賣，荷蘭式拍賣有其突出的特點與優勢。大多情況下，荷蘭式拍賣帶有明顯的混合性，即將增價和減價拍賣相互銜接，交替進行。在荷蘭式拍賣出現兩個以上應價人時，立即轉入增價拍賣，此後競相加價過程一直持續到無人再加價為止，最後一位加價的競買人購買成功。荷蘭式拍賣往往也是很迅速的，可能第一個人就買走了所有物品。雖然是「無聲拍賣」，競買人之間還是有激烈的競爭。如不及時競買，別人可能把所有物品買走，或者買走品質最好的那一部分。

荷蘭式拍賣最早開始於荷蘭，傳說這種拍賣方式的產生和鬱金香的交易有關。採摘鬱金香的時節，農場主通常根據行情制定一個開叫價，比如開價一朵 2 美元的鮮花，一旦有買家應 2 美元就會得到，如果無人應價，農場主則會降價 2 美分，則最早回應 198 美分的買家拍得，以此類推，直到賣出為止。這種拍賣方式一般應用於鮮活商品、農產品拍賣，旨在促進產品的流通。

第一價格拍賣

指的就是密封拍賣。每個競標者把自己出的價格寫在封閉的信封或者屯標標書中，在眾多出價者中，最高的競買者將獲得商品，並且支付標書中的價格。

第二價格拍賣

就是通常我們說的維克瑞拍賣（Vickrey auction）。即出價最高的人最後獲得物品。這就允許競買者按照他們的估價出價，假如其他競買者的估價低於最高出價，買受人就能獲得一定的收益。

易趣拍賣網產生於電子商務最為繁榮的時期。它的出現正是該時期最成功、最具創新性和代表性的一種拍賣方式。假如你在其他拍賣網上發現了一件心儀的物品，你願意支付 500 元，但目前的出價是 300 元，那麼，你需要坐在電腦前耐心地等待一次次出價，直到達到 500 元。幸運的是，參加易趣網的拍賣就簡單多了，參加競拍的人可以在拍賣視窗輸入最高出價，易趣網會根據這個最高價格私下幫你出價，這樣

一來，競拍者就不用一直關注拍賣的進行。假如競買者的出價高於你所願意支付的最高價格，你就不能得到這一物品。但是假如其他競買者的最高出價比你所願意支付的最高價格要低，物品就歸你了。所以，易趣網採用的是典型的第二價格拍賣方式。

46 投票賽局
少數服從多數就是民主嗎

說到投票，我們首先想到的可能是選舉投票吧！

小到幹部的考核，大到國家領袖的選舉，都要經過投票來實施。在我們的生活中，投票處處可見。讀書的時候，你有沒有過這樣的經歷？大家投票來決定買一樣宿舍裡公用的東西，例如一起買一台飲水機；新聞節目的即時民調，你有沒有拿起手中電話，投上自己寶貴的一票？可是關於賽局，裡面所蘊含的知識並不是大家想像得那麼簡單。以下我們先來看這樣一個例子。一個國家選舉總統，候選人有 3 位，分別是甲、乙、丙。其中，甲、丙分別是兩個持有截然相反觀點的黨派或者團體推舉的候選人，乙為中立的候選人。

假設一共有 3000 人參加投票，其中三派的力量對比是 13：9：8，投票者的真實態度是：

（1）1300 人認為甲最好，乙其次，丙最次；

（2）400 人認為乙最好，丙其次，甲最次；

（3）500 人認為乙最好，甲其次，丙最次；

（4）800 人認為丙最好，乙其次，甲最次。

現在有個投票委員會制定投票規則，分別是波達計數法（Borda Count，即排序式的投票方式）和取捨表決方法。

首先，我們來看一下，採用取捨表決方法的時候會產生怎樣的情況：

（1）第一輪投票，甲得 1300 票，乙得 900 票，丙得 800 票，丙慘遭淘汰。

（2）這時候，進入第二輪，甲得 1300 票，乙得 1700 票，按照常理，乙是眾望所歸、理所當然的勝出者。

然而，如果候選人甲的 1300 人支持者是經過嚴密組織的，還在事先透過調查已經瞭解到乙和丙的支持者大概人數，甲這時候只要讓自己支持者中的 200 人在第一輪投票中，轉而投丙的票，第一輪票數比例變成了 11：9：10，乙就會在第一輪被淘汰；很自然，進入第二輪後，甲的票數將為 1800 票，丙得票 1200 票，透過

這種合法手段，甲候選人順利當選。

當委員會採用波達計數法時（以 0 票、1 票、2 票來記，最次、其次、最好），情況則是：甲得票總數為 $1300 \times 2 + 500 \times 1 = 3100$，乙得票總數為 $900 \times 2 + 2100 \times 1 = 3900$，丙得票總數為 $800 \times 2 + 400 \times 1 = 2000$，可見，候選人乙依然當選。

實際上，即便採用波達計數法，甲候選人仍然有辦法可以改變競選的最終結果。

甲只要讓支持自己的 1300 人中的 1000 人謊報其偏好順序就可以了，也就是這 1000 人轉而認為甲最好，丙其次，而乙最次。其餘的 300 人仍然保持甲最好、乙其次、丙最次的順序不變。這個時候，甲的總得票數為 3100，乙為 2900，丙為 3000，很顯然，候選人甲透過操縱選票仍然可以當選。這種情況，便是選舉中的個體謊報偏好，使其所屬團體獲利。

蘇聯在最後的歲月裡，也曾就或「聯」或「散」問題舉辦過一次全民公投。公投的結果是約 75% 的公民主張維護蘇聯的統一。

然而，在除了俄羅斯以外的十幾個加盟共和國內部，其各自的全民公決結果卻是至少有 80% 以上的公民贊成本共和國從聯盟中獨立出來。其最終的結果我們大家都看見了，蘇聯一分而成 15 個獨立共和國。這個結果很難說是公平或者不公平。

我們再來看這個案例。

假設有個原始部落，共有 100 個獵人，部落規定每次這些獵人打獵回來，都要把所有的獵物帶回部落平均分配。年復一年，日復一日，多少年多少代都是如此。

設想某個年代，其中一個獵人富有政治頭腦，並具有與生俱來的領袖氣質與領導才能。他採用各種方法，拉攏了 50 個人，組成一個利益集團，並和剩下的 49 個人協商，要求進行投票以確定每個獵人的打獵技術高低，以此確定獵物每個人各分多少。很自然地，以 51：49 的過半數原則，剩下的 49 人分到的自然很少，不妨假設獵物的 95% 被 51 人的集團平均分享。

獵人當然不會就此滿足，他仍然採用同樣的投票表決方法，又組成了 26 人的小集團，重新分配這 95% 的獵物。

如果被排擠的 25 人中膽敢有人表示不滿，這個富有謀略的獵人就可以威脅冒犯者：如果不滿意就透過投票讓他得到的獵物更少（當然也是投票操縱，26 人集團當然支持，而被排擠的剩下的那 24 人可以被告知他們可以投票分享這個冒犯者的應得

獵物，自然他們也會持支持態度）。

在這種情況下，這 25 個人都屈服了這種分配的狀況，結果獵物的絕大部分被這 26 人的聯盟分享。依此類推，26 人轉化為 14 人……最終的結果居然變成了極少數人，甚至是這個獵人占有獵物的絕大部分。

在這種情況下，這個獵人就能夠用手中的獵物當誘餌來招募武士保衛自己的特權地位，擁有這樣的特權，獵人可以得到更多的獵物，有了更多的獵物就能夠再招募更多的武士來維護自己的特權。

所以，這就形成了一個正回饋系統，兩個因素之間相互不斷加強，這種獨裁專制的系統一直迴圈到這些獵人可以維持基本生計為止。由此看來，**民主投票不能得出唯一的結果，其選舉結果取決於民主投票的程序安排以及每次確定的候選人數量，即投票規則。不同的投票規則將得出不同的選舉結果。**也就是說，民主投票其實仍有內在的缺陷。

47 愛情賽局
為何產生「剩女族」

　　尋找另一半的時候就好像走進了一個大花園，一路上有很多花朵向我們招手，這時候人們總是不知道摘取哪一朵，免不了產生猶豫、彷徨、難過或者傷心。可是即便是人們再花心，也要從中選擇一朵來陪伴自己接下來的旅程。話說回來，並不排除中間有少部分人會在接下來的實踐中不斷變換自己的另一半。對於某個人來說，該如何在眾多追求者中選擇最合適自己的另一半，是關乎一生幸福的大事。因此，選擇另一半是一件至關重要的事情。

　　我們的一生，與自己的另一半從相識、約會、相戀、結婚到廝守一生，每一個步驟都充滿了賽局，學會分析其中蘊含的賽局之道，或許就能對我們自己有更加深刻的瞭解，我們不妨先從約會開始，研究一下其中所蘊含的賽局之道吧！在電影《美麗心靈》[1]裡面有這樣一個情節：

　　一天，奈許和同學與一位金髮女郎不期而遇，同學們對是否應該追這個女孩展開了一些討論。正是這個問題激發了奈許的靈感，從而有了著名的「金髮女郎」問題：在一間酒吧裡有兩位以上的男性，還有幾位韻味難擋的女士，她們中間只有一位女士是金髮女郎；和其他女士相比較而言，男士們的好感會更傾向於金髮女郎。假如在場的所有男士都去追求這位金髮女郎，他們遭遇的不僅僅是被拒絕，還會讓其他在場的女士產生反感，這樣做只有一個結果，就是在場的所有男士都找不到自己心儀的女伴，這也是最糟糕的結果。在這種情況下，奈許提出了自己的建議：所有男士都將眼中的金髮女郎徹底忘記，追求其他女士，這樣一來，男士們都不至於空手而歸。

　　關於上面的問題，奈許所提出的建議並不是最好的，因為所有人都沒有追求到夢寐以求的金髮女郎，沒有得到首選的目標，人們是不會對這樣的結果感到滿意的。不

1　A Beautiful Mind，改編自西爾維雅・娜薩（Sylvia Nasar）撰寫，描述數學天才約翰・奈許故事的同名電影。

過，假如大家都貿然地去追求這位金髮女郎，那麼最終只能面臨更大的風險。這種賽局正好能夠解釋為何現代社會多「剩女」的原因：女士越是漂亮，就越能夠吸引來更多的追求者，每個男士都會想可能會有很多人追求這位漂亮的美女，這樣一來，自己被拒絕的概率就大大增加，空手而歸也就在所難免了，倒不如退而求其次，去追求那些自己把握比較大的女士。

另外，有關戀愛賽局有一個著名的「麥穗理論」。它源於這樣一個故事：

蘇格拉底是古希臘著名的哲學家。他的三個弟子曾經向他求教，如何才能找到合適的伴侶。對於這個問題，蘇格拉底並沒有直接給出答案，而是將自己的三個學生帶到了一塊麥田前面，他告訴自己的學生們，只能向前走，不可以後退，並且只有一次機會選擇一支最大的麥穗。

第一個弟子剛剛向前走了幾步，就看見了一支又大又漂亮的麥穗，欣喜地摘下了。可是當他繼續前進的時候，發現在前面還有許多比他摘的那支大的麥穗，無奈，第一個學生只能遺憾地走完了全程。

第二個弟子接受了上一個同學的教訓，每當他要摘的時候，總是在心中默默地提醒自己，更好的還在後面等著呢。當他快到終點的時候才發現，機會都被他錯過了。

第三個弟子吸取了前面兩個人的教訓，當他走到 1/3 路程的時候，就把大、中、小三種麥穗進行了分類，再走 1/3 的路程來驗證自己的想法是不是正確，當他走最後 1/3 的時候，他選擇了屬於大類中的一支美麗的麥穗。儘管他選的這支不一定是最大、最美的，可是他滿意地走完了全程。

上面的故事轉化為戀愛賽局，可以說尋找另一半的時候就好像走進了一個麥田。我們不妨根據上面的故事進行這樣的假設：

有 20 個合適的單身男子想追求同一個女孩，現在，這個女孩的任務就是在這20 個單身男士中選擇最合適的一位作為結婚對象。從 20 個人裡面挑選出一個最合適的人並不是一件簡單的事情，那麼，這個女孩究竟該如何做才能得到令人滿意的結果呢？

顯然，最好的方法就是和這 20 個人都一一接觸，具體地瞭解每個人的情況，在初步地瞭解之後進行對比和篩選，找出最適合自己的。這裡說的最適合不一定是最優秀的，我們每個人的精力是有限的，和每一個人交往來感知的辦法顯然是不實際的。我們還可以來假設一些更為嚴格的篩選條件：假如跟每一位男士只約會一次，而且只

有一次機會來選擇放棄或接受，選中結婚對象之後就失去了再約會別人的機會。在這種情況下，最好的選擇方法是否存在呢？

事實上最佳的方式還是存在的。當然，不可否認的是其中還有運氣的成分。我們可以用模型來類比實戰一下。很明顯，第一個遇到的人是不應該選擇的，因為第一個人適合你的概率只有 1/20。這個概率能尋找到合適對象的機會是非常渺茫的，直接把全部籌碼都放在第一個人身上，可能是最糟的賭注。按照這個道理，後面的人也一樣，每個人的概率都只有 1/20。我們可以把所有追求者分組，例如分成 5 組，每組 4 個人，首先在第一組中，和每一個男性都約會，但是並不選擇其中的人作為另一半，也就是說，即便他再完美、再優秀都要選擇放棄。這是因為，最合適的對象存在於第一組中的概率不過 1/5。假如以後遇到比這組人中更好的對象，就嫁給這個人。在我們的現實生活中，人們通常都是這樣進行選擇，即將之前戀愛經驗的總結作為對後來者評價和判斷的基礎。

上面這種方法和「麥穗理論」比較類似，儘管它並不能保證選出來的是最飽滿最美麗的一支，可是卻可以選出屬於最大而比較美麗的麥穗。

第 5 章　別被商家「呼嚨」了

讓你理性駕馭金錢的消費經濟學

48 示範效應
盲從消費的根源在哪裡

在日常生活中，我們在認識和處理自己的消費行為時，總會不自覺地和身邊的人比較，這時，別人對你的影響就被稱為示範效應（Demonstration effect）。下面舉個簡單的列子來幫助大家理解一下。一次，高麗與王敏一起去北京出差。王敏是一位個性活潑開朗的女孩，喜歡時尚，追逐潮流。和王敏在一起，高麗感覺到這次出差有趣了不少，不像以前那麼枯燥了。在辦完公事之後，兩人還相約去商場購物，其間王敏花錢的闊綽也讓高麗有了不小的觸動。

平時高麗是比較節儉的，雖然偶爾也會買一些中價位的衣服，但也不會超過2500元，買護膚品也是挑平價產品，經濟實惠，品質也相對不錯。可是，這次出來透過和王敏接觸，高麗不由得自愧不如。兩個人同樣的薪水，可是王敏卻可以出手那麼闊綽，5000多元的化妝品眼睛都不眨一下就買下來了，還經常變換著各種名牌皮包，她還動員高麗一起「血拚」。其實，這些名牌遠遠超過了高麗的承受範圍。但高麗覺得王敏畢竟是剛進公司的新同事，而且兩個人的收入也差不多，要是太寒酸一定會被人笑話。出於這種心理，高麗最後也放膽用一個月的薪水買了一個名牌皮包。

可是買完之後高麗就後悔了，她和王敏不一樣。王敏還屬於快樂的單身族，毫無負擔，而自己已經結婚了，每個月還要和丈夫一起還房貸。這個皮包一下子就花掉了自己一個月的收入，想起下個月銀行的貸款就頭疼。

其實，這還不算什麼。偶爾買一次奢侈品也不是什麼大事，但對於高麗來說，更彆扭的是，王敏的消費狀態對自己造成了不小的衝擊，自己雖然結婚了，可和王敏的年紀也差不多，也不老啊，但自己就要這樣省吃儉用，人家卻可以快樂地享受生活。於是。女性之間的攀比心理就出現了。

從上面我們也可以看出，**人們的消費習慣不但受收入水準的影響，而且還受身邊人的影響**，這就是示範效應。

示範效應最早是心理學家對人們的行為活動研究之後所作出的總結，並廣泛應用於經濟學領域，尤其是人類的消費行為。因為有「好」的榜樣和「壞」的榜樣之分，

所以，示範效應往往是雙向的。從情勢上看，示範效應最終會使少數成為主流。那麼，為什麼會出現這種少數服從多數的狀態呢？

說來非常有意思，在加州有兩家海鮮餐館，諾貝爾經濟學獎得主貝克和他的太太經常去光顧，而她的太太有個奇怪的行為，就是在兩家餐館中，她總是選擇人多的那一家。但在貝克看來，兩家餐館的口味完全一樣，唯一的差別就是一家人多，一家人少。這也就是我們前面所說的示範效應。

在市場經濟的背景下，特別是在商品供應比較豐富的情況下，消費的示範效應表現得越來越明顯，對市場供需關係的影響也越來越大。就像是有人看到別人穿的衣服漂亮，不管自己穿起來怎麼樣，也要想盡辦法買一件。這也是為什麼商家要不惜重金聘請「明星」做廣告的緣故。

在經濟發達的現代社會，示範效應潛移默化地影響著人們的生活以及消費習慣。當人們看到身邊的人購買高級消費品時，儘管自己的收入有限，也可能仿效他人增加自己的消費開支。這也就是人們常有的攀比心理，看到別人有什麼東西，自己就有想要得到的衝動，而這種心理往往會被商家利用，成為其賺錢的工具。

49 月暈效應
不要被美麗的光環所迷惑

月暈效應（Halo effect）又稱光環效應、暈輪效應，是由美國著名心理學家愛德華・桑戴克[1]於 20 世紀 20 年代提出的。在他看來，**人們對人和事物的認知、判斷往往只從局部出發並擴散，因而所得出的整體印象常常以偏概全**。一個人如果被標明是好人，他就會被一種積極肯定的光環籠罩著，並被賦予一切都好的品質；如果被標明是壞人，那他就被一種消極否定的光環所籠罩，並被認為具有各種壞品質。這就好像颶風前夜月亮周圍出現的月暈一樣，其實，月暈只不過是月光的擴大化而已。

對此，許多人都深有體會，當我們看到某個當紅明星在媒體上爆出一些醜聞時總是很吃驚。而事實上我們眼中這個明星的完美形象，根本就是他在螢幕和媒體上展現給我們看的那圈「月暈」，他的真實人格我們不得而知，我們僅僅是根據他時尚健康的外表做主觀判斷。

俄國著名大文豪普希金，就曾因「月暈效應」而吃了大苦頭。他狂熱地愛上了「莫斯科第一美人」娜塔莉婭，並自以為幸福地和她結了婚。娜塔莉婭的確美麗非凡，但卻與普希金在思想上沒有共鳴。每當普希金把寫好的詩讀給她聽時，她總是捂著耳朵煩躁地說：「不要聽！不要聽！」相反，她總是要普希金陪她遊玩，出席一些豪華的宴會、舞會。普希金為此不僅丟下了文學創作弄得債台高築，最後還為她決鬥而死，一顆文壇巨星就這樣過早地隕落了。這個悲劇便是「月暈效應」最為典型的一個例子了。

同樣，對於商家來說，如果能充分地滿足消費者潛在的「月暈欲」，那必然會增加自己的銷售額。現實生活中就有很多這樣的事例，比如走進禮品商場的消費者，他們所挑選的，多是包裝精美、價格較高的物品。這樣的禮品便足以產生「月暈效應」，因為人們總是認為包裝精美、價格偏高的物品會「表裡如一」。中國不少品質

---

1   Edward L. Thorndike（1874～1949），心理學行為主義的代表人物之一。

不錯的商品，被境外商家低價買走後，重新變換產品的商標和包裝，售價馬上就翻了好幾倍。這些其實都是「月暈效應」在作怪。

消費者們對商品的「月暈效應」既無意識又非常固執。正因為固執，商家才找到了可以借來利用的細節，比如說講究門面裝修、追求燈光顏色的效果、在包裝上要求精美等。

因此，正確把握「月暈效應」，避免以偏概全、對事物的認知上產生偏頗，對於我們的人生來說有重要意義。

50 廣告
無孔不入的資訊轟炸

廣告一直以來都被當作企業進入市場的入場券。一個美國商人曾具體地説:商品如果不做廣告,就猶如女人在一間漆黑無比的屋子裡向她的情人拋媚眼。的確,再物美價廉的商品,如果不能被消費者瞭解,那麼它也不會被社會認可。

廣告,從概念上講是為了某種特定的需要,透過一定形式的媒體,公開、廣泛地向公眾傳遞資訊的宣傳手段。簡單來説,就是想辦法把有關商品的正面資訊傳遞給消費者,呼喚消費者們把口袋中的錢掏出來買東西。不管從哪方面看,廣告都是一種經濟行為,都可以用經濟學的原理來加以分析。

就目前的經濟環境來看,可以説,假如沒有廣告,鑽石再便宜也賣不出去;廣告做得好,用報紙包一個石頭,也可能賣個好價錢。在這方面,有一個小故事流傳甚廣:分隔德國的柏林圍牆倒塌的時候,遺留下一大堆垃圾。如果請來人清理,需要花費一大筆錢。有一個德國商人突發奇想,花了一小筆錢包下了所有的廢墟,之後派人把柏林圍牆的斷壁殘垣都敲打破碎了,用透明的包裝袋封起來,做成鑰匙扣、城徽等各種各樣的紀念品,緊接著大做廣告,標語就是「把柏林牆搬回家」。如此一來,生意做得很好。可見,廣告的魅力足可以讓垃圾變成寶貝。

在當今這個廣告排山倒海的時代,簡簡單單地廣而告之是遠遠不夠的,廣告還要把握在不同的情況下消費者的經濟狀況和所關心的問題的變化,抓住要點、搔到癢處,才能使消費者更願意接受。

舉例來説,1996 年,柯林頓謀求連任美國總統時,桃色新聞讓他大受困擾。這時他的智囊團請了一家顧問公司來做策畫,最後由美國著名的廣告公司提出方案,並在黃金時間播出,於是便上演了非常生動的一幕:柯林頓和他的妻子一起坐在客廳裡看電視,突然天花板上的吊燈掉下來了。依照人的本能反應,應是閃開逃避,但畫面上的柯林頓卻是非常自然地把他的太太希拉蕊攬了在懷裡。吊燈瞬間掉下來砸碎了,兩個人卻是毫髮未損。這個生動的畫面感動了無數的美國人,尤其是美國的女選民,她們紛紛把票投給了柯林頓。很顯然,正是這個競選廣告成了柯林頓獲勝的法寶。難

怪有人形容美國是一個經過很好廣告策畫的品牌國家，廣告的影響無處不在。

　　當然，廣告對於中國也同樣重要，就像提到保健品大家都會想到腦白金[1]一樣。「今年過年不收禮，收禮只收腦白金」這句廣告語，幾乎人盡皆知。雖然說腦白金的廣告一打出來就得罪了廣告界，更是引來無數叫罵，但是在接二連三的批評中，腦白金的銷量卻在不斷飆升。其老闆史玉柱對這種現象發表了這樣的論述：「我們每年都蟬聯了『十差廣告』之首，黃金搭檔問世後，排名第二的是黃金搭檔，但是，你要注意到的是『十佳廣告』是一年一換莊，『十差廣告』是年年都不換。」對於腦白金的廣告，相信沒有不厭煩的，它以洗腦的方式每天都在播。不管你怎麼想迴避，腦白金的聲音、畫面都會無孔不入地鑽進你的腦袋裡。於是，在它的地毯式轟炸後，一提起保健品你首先想到的就是腦白金。在買禮品拜訪親戚朋友時，我們總會希望選擇一個眾所周知、家喻戶曉的品牌產品。因此，腦白金的廣告轟炸策略便取得了成功。

　　再來看一下房地產業，對於這個行業來說，不同的時間需要強調不同的賣點。就像經濟過熱時，投資性購房者相對較多，這時廣告的「賣點」就要抓住關鍵字「升值」；經濟低迷時，人們普遍不會相信你關於「升值」的誘惑，而此時市場的主體主要就是剛性需求的自住型購房者，這時廣告的賣點就需要更多地強調保值與品質。

　　在廣告排山倒海、資訊空前爆炸的今天，只有突破大量資訊的重重圍困，讓人們有最深刻的印象，才能占領消費者「品牌印象」的最終端。如果消費者對你的廣告毫無印象，又怎麼會選擇你的產品呢？因此，好廣告是成功的關鍵。

　　中國現代廣告的發展史僅僅 20 幾年，但廣告所帶來的經濟效應已經滲透到了當今社會的每一個角落。廣告是市場經濟的產物，是在現代這個大的經濟背景之下應運而生的。它憑藉其發達的傳播速度引導生產和消費，最重要的是，它促進了市場經濟的完善和發展。廣告的重要性，曾經被人形容為「無論你走到哪裡，都走不出廣告的勢力範圍」，可見廣告在當今的社會經濟生活中，已經無處不在。所以，從某種意義上說，廣告是市場經濟發展中不可缺少的元素之一。

1　中國珠海巨人集團旗下的一個保健品品牌。

51 打折
「買的」和「賣的」哪個最精

　　著名經濟學家瓊·羅賓遜夫人[1]曾經這樣說過：「學習經濟學的目的不是找一大堆答案來回答經濟問題，而是要學會不要被經濟學家欺騙。」在日常生活中，我們總能遇到商家所設置的陷阱，比如商場打折，往往比降價更具有隱蔽性，對顧客也有較強的心理暗示作用，可實際上它並沒想像中有那麼多的甜頭。

　　在日常生活中，我們習慣了價格大戰的接踵而至。中國的連鎖型銷售企業國美、蘇寧這樣的賣場無一不以「價格戰」作為競爭武器。在降價的狂潮中，商家藉打折的名義招攬顧客，看似在「放血」，其實這時他們已經滿載而歸了。

　　身處商場如火如荼的打折大戰中，很多人都已經眼花繚亂了。王女士就是其中的一員。當她知道附近的商場舉辦促銷活動，買 200 元可以送 200 元現金抵用券時，就興高采烈地跑去購物。最後她選中了一件毛衣，價格是 549 元。但王女士去付款時，售貨員卻告訴她，這個品牌的優惠額度只是買 200 元送 120 元，於是按活動規定只送給了她 240 元現金抵用券。請大家注意，這裡涉及一個最終解釋權的問題。也就是說商場單方提供的活動規定有效性由商場享有最終解釋權，這意味著如果雙方一旦對活動條款的理解發生爭議時，應以商場單方的解釋為準。

　　接下來，王女士為了找一件 200 元出頭又不到 300 元的商品以把現金抵用券用掉，又在商場中尋覓了 1 個多小時。最後選擇了一件 289 元的 T 恤，自己也不是很喜歡，並且還要多付 49 元。

　　那麼，讓我們來計算一下王女士這筆帳：一共花費 549＋49＝598 元，這與活動中商家承諾買 200 元送 200 元給人 5 折的感覺是相差甚遠的。而且在買第二件商品的時候還要考慮價格範圍，未必能夠稱心如意，而如果選擇一件稱心如意的，有可能價格會高很多，然後又換回現金抵用券，那麼，又要考慮如何用掉了。

1　　Joan V. Robinson（1903～1983），英國經濟學家，專長在於貨幣經濟學。

再比如在眾多連鎖超市中，我們都知道家樂福的打折力度是比較大的。可是如果我們細心觀察就會發現，在家樂福中，零售一包某品牌的洋芋片價格是 17 元，三包合售卻標明促銷打折 50 元，不細心的顧客看到打折促銷會覺得便宜就買回去了。有**很多人都認為促銷打折的商品就是便宜的，商家正是利用人們這個思想上的誤區，將一些正常價格甚至是高價的東西打上特價的幌子往外銷售**。超市所謂的「打折」、「促銷」很多都只是一個美麗的謊言，吸引我們心甘情願地掏出口袋裡的錢。

　　說到速食，不得不說的就是肯德基和麥當勞，這樣的連鎖店在我們生活中隨處可見。它們有一個共同特點，就是都鼓勵顧客使用折價券，這是為什麼呢？一種容易想到的解釋是：吸引更多的顧客，擴大銷售業績。但如果真的是這個目的，那為什麼不直接降價呢？可見，這個答案不對。其實，如果仔細想想，我們不難發現，要獲取麥當勞或肯德基的優惠券，總是要花費一定時間和精力的，比如上網站瀏覽資訊，這在無形中就接受了商家宣傳。另外，優惠券能夠購買的通常是某種指定的商品組合，而不是隨意購買。商家透過這種形式把一些利潤高的產品放到組合裡來抵去優惠的成本。所以說，一切打折優惠活動都是有目的的，它並不會讓消費者白白占到便宜，畢竟生產的目的就是獲得利益的最大化，商家是不可能違背自己的初衷的。

　　俗話說得好：「從南京到北京，買的沒有賣的精。」在正常情況下，商家是不會做賠本生意的，在未達到其預期的利潤底線之前，貨是不會輕易出手的。其實，**商家的任何打折促銷的目標，都是向那些不會以標價購買產品的潛在顧客提供一個價格突破口，使這些潛在的資源最終成為自己的顧客群**。所以希望大家在看打折促銷廣告時，不要急於往外掏錢，要看清楚、仔細斟酌之後再購買。

52 捆綁銷售
商家究竟在玩什麼「把戲」

　　小舟最近迷上了逛網路商店，尤其喜歡在一些活動區瀏覽。她發現在某些促銷區，經常會有各種各樣的商品附帶一些贈品。買可樂贈洋芋片，買牛奶贈塑膠杯，買衣物消毒劑贈洗衣精，一樣錢可以買到兩樣物品，小舟覺得非常划算。所以她日漸形成了一個消費習慣，在選購同類型物品時，她會優先買那些附帶贈品的。

　　這樣的情形在我們現實生活中非常多見。相信你也會產生這樣的疑惑：附加贈品，商家還有利可圖嗎？難道商家成為樂善好施的慈善家了嗎？答案自然是否定的。天下沒有白吃的午餐，買的永遠不如賣的精，商家的「慈善活動」就好比太陽會從西邊出來一樣——概率接近於零。

　　原來，這種看似附加贈送的活動其實是一種「捆綁銷售」（Bundling sale）行為。從經濟學角度來說，**捆綁銷售是「共贏」的一種形式，指的是兩個或多個品牌在商品促銷過程中互相合作，以擴大它們的銷售力度，從而共同取得前所未有的盈利能力與市場競爭力。**

　　當然，商品捆綁銷售是有一定學問的，不是隨意兩個東西就可以放在一起。舉例來說，在超市很多牛奶附贈環保袋，就非常成功地利用了消費者的消費習慣來進行捆綁銷售。牛奶的分量不輕，但有環保袋，就免去了消費者再次購買袋子的麻煩。再比如，可口可樂與北京大家寶洋芋片共同演繹的「絕妙搭配好滋味」促銷活動，其實就是絕妙地運用了捆綁銷售的行銷策略。那麼，可口可樂為什麼要採取這樣的銷售方式呢？顯然這是根據年輕人吃零食的習慣而定的。現今很多年輕人在吃洋芋片的時候都喜歡來一杯碳酸飲料，所以將這兩者捆綁在一起出售，很多人會覺得既實惠又方便，從而達到共贏。這是一個成功的案例，在無形中便促進了銷量。相反，假如將可口可樂與其他物品搭配在一起，比如與牛奶等一起出售，效果就沒那麼理想了。

　　那麼，捆綁銷售主要有哪幾種形式呢？一般而言主要有以下三種：**優惠購買**，消費者購買 A 產品時，可以用比市場上優惠的價格購買到 B 產品；**統一價出售**，產品 A 和產品 B 不單獨標價，按照捆綁後的統一價出售；**統一包裝出售**，產品 A 和產品

B 放在同一包裝裡出售，比如牙膏和牙刷。購買捆綁銷售的商品組合往往比單買要便宜很多，這種讓利氛圍很容易讓我們不知不覺地打開腰包，需要的、不需要的東西買回一大堆。儘管買過之後有些後悔，但當下一次遇見這種事情後，我們依舊會情不自禁地掏腰包。

第 6 章　規畫財富，享受增值

讓你越來越富有的投資理財經濟學

53 量入為出
告別奢侈與揮霍

《禮記‧王制》中有這樣的一句話：「冢宰制國用，必於歲之杪。五穀皆入，然後制國用⋯⋯，量入以為出。」意思就是，宰相一定要根據歲末所收的賦稅糧食的數量，來決定國家的開支計畫。成語「量入為出」便出自於此。可見，在中國古代，人們就有了合理安排自己收入、開銷的經濟思想了。

量入為出，有史以來就是人們理性消費的基本原則，違背了，就會造成理不清、還不完的消費債務鏈，削弱人們未來的消費能力。正如英國作家狄更斯的小說《塊肉餘生記》中的米考伯先生所說：「一個人，如果每年收入 20 英鎊，卻花掉 20 英鎊 6 便士，那將是一件最令人痛苦的事情。反之，如果他每年收入 20 英鎊，卻只花掉 19 英鎊 6 便士，那是一件最令人高興的事。」

大家都記得，曾經以一曲《只要你過得比我好》而成名的香港歌星鍾鎮濤，他當時的年收入高達 1100 萬港幣。但由於不懂得量入為出這個道理，他在消費時從來都是大手大腳的，極其奢侈。1988 年鍾鎮濤與章小蕙更是花費 300 萬港幣舉行婚禮，其豪華程度令人驚歎。單是章小蕙的婚紗就價值 13 萬港幣，婚後章小蕙依舊追求奢華生活，每年僅服裝費就花銷 500 萬港幣。直到後來投資房地產失利，鍾鎮濤最終以欠債 2.5 億港幣而破產。

由此可見，支出是財富的決定因素，也是理財的第一要務。我們再來看看拳王泰森的故事。泰森從 20 歲開始打拳，到 40 歲時掙了將近 4 億美元。他的別墅有 100 多個房間；他曾買過 110 輛名車，其中有 1/3 都送給了朋友；他還把白老虎當寵物養，最多的時候養了 5 隻老虎，其中有 2 隻是價值 6 萬美元的孟加拉白老虎，每年光付給馴獸師的費用就高達 10 萬美元；他曾經在拉斯維加斯最豪華的酒店包下帶游泳池的總統套房，一個晚上的房租為 1 萬 5 千美元。在這樣的套房裡點一杯雞尾酒就要 1000 美元以上，而泰森每次放在服務生托盤中的小費都不會少於 1000 美元。由於揮霍無度，到了 2004 年年底，泰森的資產只剩下 1740 萬美元，但是債務卻高達 2800 萬美元。2005 年 8 月，他不得不向紐約的法庭申請破產保護。

同樣的遭遇也發生在 20 世紀 80 年代英國著名的電視新聞記者、主播艾德・米切爾身上，由於負債累累，更一度淪為無家可歸的流浪漢。艾德・米切爾在當年走紅的時候，主持過獨立電視公司 ITN 晚上 10 點的新聞聯播，還曾獨自採訪過英國及世界各國的政界要人，其中包括英國前首相柴契爾夫人和梅傑。他擁有讓人羨慕的 10 萬英鎊的年薪，價值 50 萬英鎊的房子，每年兩次的國外度假，妻子、兒女、財富，他擁有一切美好的東西。直到 2001 年艾德・米切爾被裁員。遭到解僱後，噩夢開始了。失業前累積的幾萬英鎊的信用債務像滾雪球般越來越大，為了還清舊債，艾德・米切爾只得申請新的信用卡，幾年內，欠下了 25 張信用卡以及將近 25 萬英鎊的債務。妻子與他離婚了，艾德・米切爾不得不變賣房子還債，最終淪落到在海濱城市布萊頓街頭露宿。

　　透過以上事例我們可以明白，不管一個人多麼富有，如果只是一味奢侈地揮霍，總會有透支的一天。財富的多少一方面在於積累，而另一方面在於合理開銷，一定要養成量入為出的習慣，否則賺再多的錢都有可能被揮霍殆盡，甚至負債累累。

54 儲蓄
為自己留足過冬的「餘糧」

從前有一個富人，出於憐憫，他發善心想要幫助自己的一個窮親戚，於是，他告訴窮親戚：「我給你一頭牛，你拿去開墾吧，等到春天時我再送你一些種子。你播種後，秋天便可以豐收，你就不會再貧窮了。」

於是，窮親戚牽著牛滿懷希望地回到家開墾勞作。可是牛要吃草，人要吃飯，由於一直沒有積蓄，日子越來越難過了。窮親戚轉念一想，算了還是把牛賣了吧，買幾隻羊來養，還可以先殺一隻填飽肚子，剩下的等著生小羊就可以了，小羊長大之後還能賣。可是當他吃完一隻羊的時候，小羊還是遲遲沒有生下來，日子又過得艱難了，他忍不住又吃了一隻羊。他想這樣下去也不行，不知道什麼時候才能生下小羊來，於是他把羊賣了換回來幾隻雞，心想，雞下蛋的速度比較快，雞蛋可以馬上換來錢，以後的生活就有保障了。

可惜他的計畫又失敗了，日子並沒有得到改善，反而變得更加艱難了。他忍不住便又殺了一隻雞。一直殺到只剩最後一隻雞的時候，他的夢想徹底破滅了，致富算是沒希望了。他想還是把雞賣了吧，打二兩酒，三杯下肚，煩惱全無。

春天來了，富人滿懷希望地給窮人帶來了一車種子。可是當他走進院子的時候，發現這位親戚正坐在院子裡發呆呢。牛也沒了，房子依舊是破破爛爛的，他也依然一貧如洗。

其實生活就是要求我們要樹立一種積極、樂觀、著眼於未來的態度。要有計畫性地去安排生活，為自己日後的生計做好準備、謀求保障。對於那種生活毫無節制、從不為以後著想、沒有積蓄的人來說，就如同故事裡的窮親戚，吃乾花淨，哪管明天能不能活下去。這種人生態度，也是理財的大忌。所以，我們完全可以說，儲蓄可以給人以保障，給人以安全感，給人以幸福。

但儲蓄對於很多年輕人而言簡直就是天方夜譚。大城市的高成本生活消費令他們每到月底就捉襟見肘、苦不堪言。突如其來的金融危機更使一些職場新人在經濟壓力面前感覺無能為力、不知所措。對此，我們不得不思考的就是怎樣培養儲蓄意識，並

及早進行理財規畫，確保基本生活的穩定。

美國名校哈佛大學，第一堂經濟學課的內容只有兩個標題。第一個是花錢要懂得區分「消費」和「投資」；第二個便是每個月應先把工資的 30％儲蓄起來，剩下的才能拿去消費。

有一位名人，同時也是一位儲蓄高手，具有非常強的理財意識，這個人就是愛迪生。很多人都只知道愛迪生是一位偉大的科學家，但他高超的儲蓄能力卻鮮為人知。如果他平時沒有養成儲蓄的習慣，對於家境不好的他來說，就沒有足夠的精力和資金去做各種科學實驗，他也可能永遠都只是位默默無聞的小人物。

由此我們可以明白，不管眼下的境況多麼不濟，薪水多麼微薄，即便是剛剛遭遇裁員等，只要銀行裡還有一筆儲蓄，那就不足為慮。而假如你每個月都要花完最後一分錢，從沒有儲蓄的習慣，那到時可就真要陷入絕境了。

55 基金
坐在家裡也能輕鬆賺錢

在市場上有這樣一批投資者，他們對股票瞭解得太少，也經不起風險，卻又不甘於債券過低的回報。那麼，基金對他們來說最適合不過了。簡單來說，投資基金就是集合眾多分散投資者的資金，委託投資專家也就是基金管理人，按他的策略統一進行經營投資，為眾多投資者謀取利益的一種投資工具。在整個投資過程中，投資者們共同分享利潤、分擔風險。從這一點上來看，也把風險降到了最低，所以我們說，基金是一種相對穩健的理財方式。基金一般分為認購期、運作期（封閉期）、申購期三個階段。

開始是認購期，一般是半個月左右，在這半個月裡你只能購買不能贖回，也就是只能買入，買入價一般都是 1 元；然後進入運作期（不接受投資者贖回），在這段時間裡，基金公司拿你的錢去建倉（買進），也可以說是一個準備期，一般都不超過三個月，從這之後大部分基金會有所上漲，也有部分會回落，但也不會跌得太厲害，這個時候不要以為你賠了，因為你的投資才剛剛開始；接下來進入申購期，此時你就可以自由買賣了。

整個基金的運作過程，我們也可以這樣理解，假設你有一筆錢想投資股票、債券，但自己既無精力又無專業知識，錢也不算多，就想到與其他 5 個人合夥出資，雇一個投資高手，操作大家合出的資金進行投資增值。但如果 5 個投資者都與投資高手隨時交涉，那肯定會把事情弄亂套，於是就推舉其中一個比較懂行的人帶頭去辦這件事。從大夥合出的資產中按一定比例定期提成給他，由他代為付給投資高手勞務報酬，當然，他自己領頭出力去辦大大小小的事，如提醒高手時刻注意有關風險，定期向大夥公布投資盈虧情況等，自然不可白忙，提成中的錢也包括他的勞務費。上面這種運營模式稱作「合夥投資」，而將這種模式無限擴大就稱之為基金。

其中，專家理財是基金投資的主要特色。基金管理公司配備的投資專家，一般都具有資深的投資分析理論功底和豐富的實踐經驗，以科學的方法來規避風險。還有，基金的資產是不能放到基金管理公司手中的，這也是為了大家財產安全的考慮，所以

這筆錢一定要存到銀行，讓銀行管理帳目，稱為基金託管。當然銀行也是要收取手續費的，主要是從資產中按比例抽一部分，按年支付。

之所以説基金是一種穩健的理財方式，是因為基金不同於股票。首先，投資者購買基金只是委託基金管理公司從事債券、股票等的投資，而購買股票則成為上市公司的股東；其次，基金投資的股票眾多，能有效分散風險，收益比較穩定。而單一地從事股票投資往往不能分散風險，收益波動較大，風險也較大。正如下文的老劉，炒股炒虧了，買基金卻賺了。

由於對股市缺乏瞭解，老劉兩年前炒股炒虧了。後來在朋友的建議下，買了一檔基金，1元1份，他買了 10 萬份。可是由於股市不好，沒幾天他買的基金就下跌了 9 個點，他的基金縮水了，變成了 0.91 元。他一算，都虧了將近 10% 了。這時老劉想贖回，可是理財專家建議他不要輕舉妄動，基金是長期投資的產品，不能像股票一樣頻繁操作。於是他穩定了情緒，直到幾個月後，股市好轉，一片飄紅，他的基金每份市值漲到 1.5 元了。這下老劉別提有多高興了，老伴也非常高興，他們研究了一下決定還是不贖回了。過了一段時間，那檔基金又漲到 1.7 元，這回夫妻倆決定贖回，仔細一算已經有 70% 的收益了，10 萬元變成了 17 萬元。老劉樂得合不攏嘴，心想還是買基金放心、划算。

總體來説基金不失為一種不錯的理財方式，但是一定**要非常謹慎地選擇基金公司，分析基金過往的投資業績，並大致瞭解股市的牛熊[1]轉換**，而且不能著急，至少**要投資半年以上再考慮贖回**。有的投資者抱著在股市上撈取短期價格差的心態投資基金，頻繁買賣基金，結果往往以失望告終。因為申購費和贖回費加起來並不少，而且基金淨值的波動遠遠小於股票。所以説，基金更**適合於追求穩定收益和低風險的人進行長期投資**。

1　牛市和熊市分別形容市場多頭（向上）及空頭（向下）的趨勢。

56 黃金
如何利用黃金保值和增值

黃金既是一國平衡國際收支、防患金融動盪的重要工具，也是人們保值和增值的重要手段。尤其在全球金融危機出現之後，股票一蹶不振，房產也出現部分縮水，投資黃金的避險保值作用便逐漸顯現出來。

歷史上，黃金作為世界性的流通工具，在人類經濟活動中長期扮演重要角色。直到進入現代社會後，隨著紙幣的普遍使用，加上現代金融制度的確立，黃金的貨幣功能才慢慢減退。但是，黃金作為對抗通貨膨脹、規避金融市場風險的工具，仍受到很多投資者青睞。就現階段來看，黃金的投資方式主要有以下三種：

實物金

實物金包括金幣、金條和金飾等，以持有的實物黃金作為投資方式，其投資額一般較高。回報率雖與其他投資方式相同，但因為投資的資金不會發揮槓桿效應（Leverage effect），所以涉及的金額一定會較高，而且只可以在金價上升之時才能獲利。如果你要選擇黃金投資的話，可以選金條或是金幣，不要選首飾和飾品，因為一般的飾金買入、賣出價的差額較大，成本多在工藝上，並不適宜投資，而**金條和金幣由於不涉及其他成本，是實物金投資的最佳選擇。**

紙黃金

簡單來講，「紙黃金」就是只靠憑證式交易的黃金。投資者的買賣交易紀錄只在個人預先開立的「黃金存摺帳戶」上呈現，不發生實物金的提取和交易。具體方法是投資者按銀行報價，在帳面上買入、賣出「虛擬」黃金，透過把握國際金價走勢低吸高拋，賺取黃金價格的上下波動差價。

因為「紙黃金」主要以資料的形式記錄在銀行裡，並不依賴於實物交易，所以不必擔心存儲、保管的安全性，同時也大大降低了交易的成本。從變現速度上看，紙黃金幾乎是瞬間到帳的，不同於基金，還要等待幾個工作日。而且，只要你願意，你完

全可以在買入一分鐘之後再賣出，這在股市是無法達到的。另一方面，由於「紙黃金」的價格並不是由銀行自己制定，而是由國際金價制定的，所以投資者無須擔心銀行從中操縱獲利。由此可見，**紙黃金其實相對於其他品種，更具有安全性高、成本低、變現速度快、交易方式制度化等優勢。**

黃金期貨

所謂黃金期貨，就是指「以國際黃金市場上未來某一時間點的黃金價格為交易標的」的期貨合約，投資人的**盈虧，完全是由進場到出場兩個時間的金價的價格差來衡量**，契約到期後則採取實物交割。其實黃金期貨和其他期貨買賣一樣，也是按一定成交價，在指定時間內交割的合約。它同樣具有期貨的特徵，即投資者要為最終購買黃金，而預先存入一筆保證金給期貨經紀機構。一般來說，黃金期貨的購買者和賣出者都要在合約到期日前，購回和出售與先前合約確定的數量相同的黃金以平倉[1]，無須真正交割實金。每筆交易所得利潤或損失，等於兩筆相反方向合約買賣的差額，這種買賣方式也是人們通常所說的「炒金」。

目前來看，中國已成為世界上第四大黃金生產國，第三大黃金消費國。可中國人均黃金消費量卻遠遠低於世界平均水準，這也說明了中國黃金投資市場潛力無限。從長遠上來看，黃金的儲備量已經無法滿足世界經濟規模對貨幣的需求，所以黃金註定無法成為世界貨幣而流通運用。但是長久以來，由於歷史因素的沉澱，黃金的地位在世界人民心中長久存在，而且不可動搖，所以其必然具有交換價值；特別是在作為世界信用貨幣的美元，被美國政府濫發導致貶值之後，人們更加懷念黃金了，因為沒有哪個國家可以濫發黃金，使之貶值。

---

1   期貨術語，指以等量但相反買賣方向，來沖銷原有的契約。

57 白銀
新世紀的投資新貴

　　為什麼投資白銀？2016 年以來，國際貴金屬價格大起大落，尤其白銀的波動甚為劇烈。業內人士表示，目前白銀的投資活躍度要高於黃金，一旦抓準趨勢，回報率十分豐厚。不過，投資白銀需具備專業知識，而且選對合適的投資管道也很重要。

　　2014 年中國的白銀產量已達到了 4200 噸，全球排名第二。在過去 12 年中，中國的白銀產量一直在穩定增長，已經非常接近墨西哥的產量。然而縱觀歷史，橫看世界，中國取消出口退稅政策以前，白銀產量的一半是用來出口創匯的，在 2008年以前中國還有出口退稅政策鼓勵白銀出口創匯。這其實是一項令人百思不得其解的政策，就好比拿真錢去換假錢，而且還是有政府鼓勵性質的。這一政策造成的直接後果就是，從 2009 年初到 2010 年 10 月白銀價格一路暴漲，從每盎司 11 美元飆升到 23 美元，翻了一倍多。而同期美元的購買實力卻日益「力不從心」，接連出現「量化寬鬆」下的「江河日下」。結果在不到兩年的時間裡，8000 噸白銀出口創匯換回來 200 億元人民幣的財富流失，隨之而來的是除了購買美國國債之外別無選擇的美元白條[1]，這也是中國成為美國最大債主的關鍵原因，之後人民幣升值也就不難理解了。

　　直到 2008 年 7 月 30 日，中國終於取消了白銀的出口退稅政策，這無疑是「撥亂反正」的最終表現。但它的出發點仍然是緩解中國貿易順差過大所引起的矛盾與糾紛，顯然，相關部門並沒有從金融的角度看清楚問題的關鍵所在。

　　今時今日，美元的霸主地位已然動搖，貨幣戰爭進入春秋戰國時代。在如此動盪不安的背景下，黃金與白銀成為炙手可熱的硬貨幣也是顯而易見的。這就是白銀上漲的大背景，也是在 2010 年白銀最出風頭的原因之一。2012 年 8 月 20 日至 24 日

1　指不符合正規憑證要求的發貨票和收付款項證據，是逃避監督或偷漏稅款的一種舞弊手段。

的 5 天時間內，國際現貨白銀價格漲幅達到了 6％。是同期國際現貨黃金漲幅的一倍。此輪貴金屬上漲行情，白銀多頭在短短 5 天時間內獲得至少 600％的巨額收益。貴金屬投資者敏感地發現投資白銀比投資黃金更吸引人。

是什麼給白銀賦予如此魅力？又是什麼使白銀價格受國際形勢影響有如此之大波動？門檻低，無疑是白銀投資相對於黃金投資的最大優勢。而且，就目前來看，白銀的儲量越來越少，但需求卻日益旺盛，因此在未來的幾年之內，白銀的升值空間仍然很大。目前國內白銀的主要投資方式可分為以下三類：

實物白銀

分為銀條、銀幣和銀飾三類。可透過金店、貴金屬投資公司、商業銀行（如中國的中國工商銀行如意銀、台灣的台灣銀行）等管道購買。通常來説，**投資性銀條與銀幣都有一定的投資價值和變現能力**，而收藏性銀幣、銀條和銀飾，鑒於較高的加工設計費用與回購管道的不暢通，投資價值並不高，因此不建議投資。另外，還需要注意的是，實物白銀和實物黃金一樣，都不能做空，只有價格長期上漲才能有獲利空間，所以必須把握好價格趨勢逢低買入，並在高位時謹防回檔風險。此方式適合無相關投資知識，時間不充裕但資金較充足的個人投資者。

紙白銀

又稱為帳戶白銀。與紙黃金類似，投資者僅透過高拋低吸來完成帳面資金的變動，無須發生實物白銀的交割提取，省去了保管、運輸、倉儲等環節費用和麻煩。

不久前，中國工商銀行推出了個人帳戶白銀買賣業務。與個人帳戶黃金買賣類似，分為帳戶白銀兌美元、帳戶白銀兌人民幣兩個交易品種，交易起點分別為 100克和 5 盎司。以 2016 年 5 月 11 日 19 時 28 分該行帳戶白銀為例，白銀的人民幣報價為 3.659 元／克，美元報價為 17.525 美元／盎司。因此，投資者最低只需人民幣 365.9 元或 87.625 美元就可以開通帳戶白銀交易，可以説交易起點和門檻十分低，而同一時間紙黃金帳戶交易大約需要 266.74 元／克。此種方式適合有一定專業知識和時間充裕的薪水階級投資。

上海黃金交易所白銀現貨及其延期交收交易品種

分為白銀現貨 Ag99.9、Ag99.99 和白銀延期交收交易品種 Ag（T＋D）。白銀現貨 Ag99.9 是 20％的保證金，只可做多，交易單位為 15kg／手。白銀現貨 Ag99.99 是交易所 2010 年 4 月 26 日掛牌上市的新品，同樣是 20％的保證金，只可做多，但交易單位為 30kg／手。而 Ag（T＋D）保證金為 10～20％，可以多空雙向交易，交易單位為 1kg／手。此方式適合資金較充足的專業型投資者。

58 期貨
財富博弈中的「尖端武器」

根據《史記》記載，范蠡不僅是一位聞名天下的謀士，還是一位經商的奇才。在助越王勾踐滅吳後，他深知歷史上的國君絕不可能留下任何功高蓋主、力謀大業的人。於是，他便帶著家眷逃離了越國。之後，他來到齊國，以種地為生，沒幾年就賺了一大筆錢。這引起了齊國國君的注意，請他去做宰相。但范蠡很清楚，他在齊國只是一個百姓，無權無勢，一下就坐到了一人之下、萬人之上的位置，並不見得是什麼好事。於是，他又向齊王請辭，並把大部分金錢都分發給了當地的百姓。

經過幾波周折，他搬到了陶（今山東定陶西北）。剛好當地有一他的位老朋友，這位朋友從范蠡口中詳細瞭解了吳越戰爭，得知勾踐是一個可以共患難但不能同安樂的人，感歎不已。兩人一直聊到深夜，朋友問他：「以後作何打算？」

「只要衣食富足即可。」

「哈哈，我就知道你賺錢有方。不過，你現在也已經沒有本錢了，打算怎麼做呢？」

「這並不要緊，你去找農戶，簽訂糧食收購契約。和他們說定，不管是豐年糧賤還是災年糧貴，到時都按現在說好的糧價收購。再用同樣的方法找買糧戶，簽訂銷售契約，收取訂金，並將訂金付一點給農戶。等糧食收上來時，讓買糧戶帶錢來拉走糧食，再付清農戶的餘款，剩下的就是我們賺的了。」

朋友聽了不解地問：「這也是契約嗎？」

「這個倒無所謂。百姓樸實，收了訂金就一定會把糧食給你的。」

這便是歷史上最早的期貨雛形了。范蠡一生才智過人，在做期貨短短的幾年裡便存下了萬貫家財，並從中得出一個道理：「貴出如糞土，賤取如珠玉。」這個意思就是說，當某種商品的價格高到了一定程度時，就要像糞土一樣拋出去；如果低到了一定程度，就要像寶貝一樣把它儲存起來。這也就是當今的「越跌越買，越漲越拋」的炒股原則。范蠡對此也曾說過：「貴上極則反賤，賤下極則反貴。」這就是市場經濟的道理，同樣也是期貨買賣的道理。期貨的英文為「Futures」，譯為未來，是一種

跨越時間的交易方式。其具體含義是：交易雙方不必在買賣發生時就交收貨物。而是透過簽訂期貨合約，按指定的時間、價格與其他交易條件，交收指定數量的現貨。通常期貨集中在期貨交易所進行買賣，但亦有部分期貨合約可透過櫃台交易進行買賣。

期貨和股票差不多，是一種倒買倒賣的投資方式。因此有很多人把期貨和股票混為一談，其實這兩者有很大的區別。首先，期貨可以當天買，當天賣，交易無數次都無所謂，股票一天只能交易一次，買或者賣。其次，期貨可以買漲，也可以買跌。漲的時候先買，等漲高了再賣了賺錢；跌的時候可以先賣，等到跌低了再買回來賺差價，股票只有先買進才能賣出。再次，期貨屬於保證金交易，買價值 50 元的期貨只要 5 元就可以了，而股票買 50 元就一定需要 50 元。最後，期貨是每天都會結算的，50 元的期貨漲到 60 元了，你當天就可以把賺到的 10 元取回來。當然，你第二天就可以用這 10 元再來買 100 元的期貨，也就是說，你現在手裡有 150 元的期貨，而股票可不行，100 元的股票漲到 200 元又怎樣，你不把它賣掉，錢就永遠都拿不到。

中國期貨市場經歷了動盪不安的初創期，之後又經歷了問題迭出的整頓期，整體來看中國期貨市場的成長過程具有明顯的超常規發展特徵。在時間跨度上，十餘年的時間裡，中國期貨市場跨越西方期貨市場百年發展歷程，呈現出跳躍式的發展姿態。期貨市場如此超常規發展，一方面迅速彌補了中國傳統經濟體制的漏洞、缺陷；另一方面也為中國期貨市場的規範、健康發展帶來了隱憂。

近年來中國期貨市場的整頓與治理已經逐步進入規範、有序的發展階段，取得了令人矚目的成就。硬體上基本實現了現代化，軟體也同樣日趨完善。尤其是經過歷年的清理整頓之後，中國的期貨市場由分散逐步趨向了集中規範，初步形成了一個比較完整、全面的期貨市場組織體系，但仍然存在一些缺陷，主要表現在以下三方面：

首先，**投機成分過重**。在我們目前的市場上，大部分的參與者在交易的過程中，投機的心理往往占了上風。甚至在某些企業中，也有不少做投機交易的，比如像個別的糧油加工企業在期貨市場上卻成為了空方[1]的大戶等。在這種情況下對價格的炒作便成了唯一的形式。其實期貨市場本是屬於「不完全市場」的範疇，這就決定了商品

1　　有意買進但尚未買進或買的數量不大，還處於觀望狀態（希望該股票跌）的投資者。

價格的高低在很大程度上依賴於買賣雙方對未來價格的預期，而脫離了這種商品的現時價值，有可能導致價格的「越拋越跌」或是「越貴越買」的不正常迴圈，會使得價格易於往極端方向發展。

其次，**期貨市場的弱有效性**。市場行為包容、消化一切，也就是說影響市場價格的因素最後必定要透過市場價格反映出來。但要保證這一點的實現必須有個前提，那就是整個市場要處於有效市場，而目前中國的期貨市場還屬於一個弱有效的市場，資訊的不透明，使參與者不得不支付更高的社會交易成本，這樣就降低了期貨市場的運行效率。期貨交易是一種特殊的商品交易，它具備迴避風險及價格發現功能，期貨市場的健康發展，有利於市場經濟的繁榮和現貨市場的穩定。

最後一點缺陷表現為**市場參與者不夠成熟**。目前中國的專業投資治理公司和專業的經紀人團隊還沒有完全建立、規範起來，所以現實中，投資大部分還得依靠投資者自己來完成，這就使得其投資行為具有一定的盲目性。因此，要想降低期貨市場風險的發生，對投資者進行教育、促進其走向成熟是必經之路。

59 股票
要想「贏」，先要「穩」

在 CPI（消費者物價指數）不斷攀升的時代，銀行只會讓你的財富不斷縮水，債券也難以保值，想買房增值，可現在的房價又高得離譜。於是更多的人願意把錢投入到股市裡去，可股市真的會成為你的「提款機」嗎？其實在股票的圈子裡，從長遠來看，有人損失必有人賺錢，沒有共同賺錢或者共同損失這一道理。這就是為什麼股市中有人哭、有人笑，而哭的人又往往比笑的人多的原因。

股市的牛市和熊市，就好比大海的漲潮和落潮，都有它的內在規律，不可能永遠亢奮，也不可能永遠低落。那麼，為什麼股價會有高潮和低谷的出現呢？這其中最大的原動力就是「消息」。而由於消息種類繁多，對股價的影響力自然也不一樣。諸如國際政治與經濟形式的變化，國內經濟改革與財政措施，石油危機影響等消息，還有個別行業的未來預期，原料價格波動、發行公司業績及財務盈虧等消息。**如果消息是對股市有利的，則會使得股價上漲，稱為利多消息或利多因素；反之，如果消息對股市不利，導致股價下跌，則稱為利空消息或利空因素。**

拿牛市來說，即使不懂股票的人或是初學者也能或多或少賺到錢，因為這時大盤的走勢是整體上升的，這樣就麻痺了人們的風險意識，讓他們誤以為股市就是「提款機」，於是把自己辛辛苦苦賺來的錢都投入到股市之中。殊不知在股市中真正能成為大贏家的永遠都是懂行的人。所以熊市一來，被套牢的人就是那些不懂股票知識、不會看盤的小散戶們；還有一群股民，專愛買便宜股，可經常是便宜沒好貨。最後股票指數下跌，大家狂拋股票，這個時候受到致命打擊的大多是窮人，這些窮人把省吃儉用、積蓄下來的血汗錢在股市上兜了一圈，十有八九都捐獻給股市上的機構莊家和優秀的散戶了。

經濟危機過後，隨著國家政策的調整，經濟形勢整體好轉，上市企業經營管理也得到改善，機構資金充裕，積蓄增加，越來越多的資本進入股市，股市出現回升。一些實力較強的散戶也進入了股市，這些散戶以中產階級居多，他們有較高的素質，懂得操作方法，對股票比較瞭解，基本上可以達到即使不賺也不會賠，這令薪水階級羨

慕不已。他們也想透過股市賺一把，但他們沒有太多的資本，於是便把養老的、看病的、子女讀書的錢全都拿出來，冒冒失失地進入了股市。這些人對目前的經濟環境不是很瞭解，對股票交易方式更是一無所知。開始或許會小賺一把，對比自己為掙那一點工資都要付出很多勞力的現實賺錢方式，他們深感股市賺錢之輕鬆，於是像吸毒一樣，不斷加大籌碼，直到某一天，股市突然暴跌，他們才如夢方醒，痛心疾首，感歎為什麼總是要到大批散戶入市時才跌，以前不是一直在漲嗎？

問題就在這裡，等到**成倍增長的散戶入市之後很快就會進入漲跌的轉捩點**，因為一旦這批人入市後，後面沒有跟進者了，這也就是最後一批資金注入者，等到這批資金注入後，股市突然就沒有資金再注入了，信號激烈震盪，就會急轉直下。

所以說，當我們想進入股票市場時，一定要有足夠的心理準備。炒股猶如打仗一般，兩軍對陣，必有一傷。股票投資也是一樣，買方對股價動向表示樂觀而買進，賣方則對股價動向表示悲觀而賣出。如果買方力量強勁，賣方不願出手，股價飆升；如果賣方力量強大，買方搖擺不定，股價則直瀉而下。

很多人投資股票都是因為看別人賺錢眼紅而盲目地跟風。這些人往往害怕麻煩，不願意花太大的精力研究股票基本資料，結果總是賠錢。在這裡希望大家能明白，股票的風險絕不比它的收益小，它也並不會成為我們的提款機，所以，我們在進入股市的時候一定要做好充分的準備，**掌握投資股票的專業知識**。

60 組合投資
別把雞蛋放到同一個籃子裡

在莎士比亞的《威尼斯商人》中，商人安東尼奧曾有這樣一幕自白：「不，相信我；感謝我的命運，我的買賣成敗並不完全寄託在一艘船上，更不是倚賴著一處地方；我的全部財產，也不會因為這一年的盈虧而受到影響，所以我的貨物並不能使我憂愁。」

這裡面所講的就是「組合投資」，它完全可以幫助人們逃避單一投資的風險性。因為到目前為止，世界上還沒有一種只賺不賠的投資理論和投資項目。但是我們透過資產配置的方法卻能夠避免「一榮俱榮，一損俱損」的狀況。就像安東尼奧所說的那樣，「我的買賣成敗並不完全寄託在一艘船上，更不是倚賴著一處地方」。

在面對不可預知的金融領域的風險時，建立組合投資計畫具有非常重要的客觀意義。**充分地運用好組合投資、合理地分配資源**，不僅不會限制你的收益，相反，它**透過把風險分散掉**，還會**間接地提高預期收益**。並且，如果你能建立起長期的組合投資計畫，那麼，你就能把握住資本市場在某個時間點上突然出現的黃金投資時機，從而贏得最終的勝利。

對於投資者來說，他們所希望的是透過投資來實現財富的保值和增值，進而擁有更加美好、富足的人生。但是不可否認的是，單一投資有著不可避免的局限性和風險性。比如國內投資者最鍾愛的投資產品——股票，它波動性大、風險高，既能把投資者帶到富庶的樂土上，又能把投資者送至貧瘠的地獄中。

舉個例子來說，房地產投資是公認的抵抗通貨膨脹的有效武器，在房市火爆的時期，它曾為很多投資者帶來巨大的財富。但是由於它極易受外界因素的影響，流通性也比較差，所以如果只是單一地把資金都投向它，便很容易引起資金鏈的斷檔，造成變現能力困難。再來看債券，債券產品雖然穩健，但它的收益率往往比較有限，而且只有長期投資才有產生利潤的空間。如果過度集中在這一產品上，便會導致獲利能力削弱，無形中會造成資本的浪費。

而分散投資的好處就在於，透過將資金分布在不同的領域、地域，讓不同投資產

品相互彌補各自的缺陷，保障整個投資組合的低風險、穩收益。因此，對一個理性的投資者而言，他的投資組合應當充分考慮到各個產品的特點及互補性，再進行資源配置，而不是將雞蛋統統放在一個籃子裡。

　　一般來說，投資組合按粗略的分類有三種不同的模式：保守型、中庸型和積極型。而無論決定選用哪一種模式，年齡都是很重要的因素。**人生的每個階段都有不同的需要，所以投資組合並不是一成不變的，必須依照不同的階段來計畫。**

　　對於這點，雖然沒有什麼固定的原則，但總體上可按照「100 減去現在年齡」的公式來計算。舉個例子來說，假如你現年 40 歲，那麼，你至少應將 60％的資金投放出去；如果你現年 60 歲，那麼至少要拿出 40％的資金進行理財、投資。

　　在我們的人生中，20～30 歲時正是奮鬥的時候，距離養老退休的日子還遠，風險承受能力也最強，所以完全可以採用積極型的投資方式。那麼，按照「100 減去現在年齡」公式，你可以將 70～80％的資金拿出來進行理財投資。而這個理財投資絕不是單一式的，最好的辦法就是分散開來進行資金配置，例如，20％投資基金、20％投資股票、20％購買債券，其餘 20％交給理財公司。

　　在 30～50 歲時，是人生壓力最大的時候。這段時間家庭成員可能增多，承擔風險的程度要比上一階段弱很多。所以最好採用相對保守的投資方式，以本金盡快成長為目標。具體方法可以將資金的 50～60％投在證券方面，剩下的 40～50％投在有固定收益的理財產品上。當然，也要保證留一些現金供家庭日常生活之用。

　　到 50～60 歲時，也算是賺錢的好時機，這時孩子已經成年可以自立，但一定要控制風險，仍然運用「100 減去現在年齡」的投資法則，至少將 40％的資金投在股票證券方面，60％的資金則投於有固定收益的投資標的上。此種組合的原則就是維持保本功能，並留些現金以供退休前的不時之需。

　　到了 60 歲以上，多數投資者在這段時期會選擇比較安全穩健的投資標的，只將少量的資金投在股票上，以抵抗通貨膨脹，保證自己的財富不被貶值。

61 房地產投資
認準時機，規避風險

所謂房地產投資，是指資本所有者將其資本投入到房地產業，以期在將來獲取預期收益的一種經濟活動。這在中國完全是一個新興產業，自 20 世紀 80 年代中後期才逐漸發展起來，隨之便熱門得一發不可收拾。這個暴利的行業也吸引大批的人不斷湧入，但是他們往往沒有看到其存在的種種限制性因素，比如說高度關聯性、壽命週期長、高度綜合性、不可移動性、投資額度大、政策影響性等。

在經濟史上，永遠不可能出現一種高收益卻無高風險的投資項目，房地產也是如此。在房地產開發到銷售的過程中存在著大量的風險因素，如房產市場的供需變化、通貨膨脹情況、相關政策的出台調整、變現風險、利率及匯率變動的系統風險和消費者的喜好、機會成本、資本價值等個別風險，這些風險因素都直接地影響到了房地產開發的利潤率。我們在房地產投資的過程中，如果不能充分考慮到這些風險因素對整個投資活動的影響，貿然進行決策，往往就會出現失誤，甚至會使企業或是個人陷入絕境。但是，如果把全部的風險都整合一起去考慮，則必定會使問題複雜化，不現實也不恰當。

那麼，我們在進行房地產投資的時候應該怎樣選擇目標呢？首先就是要用已確定的目標房產與市場可比的房產進行價格比較。當然，同時也需要考慮目標房產的潛在收益。在這裡我們可以透過以下方法，來衡量自己的選擇恰不恰當。

總租金乘數法

公式：總租金乘數＝投資價值÷第一年潛在租金收入

投資者可將目標房產的總租金乘數與自己的期望值或是不同房產之間進行比較，擇其小者。當然，這一方法並未考慮空置損失及物業費用、稅收、融資的影響。

直接資本化法

公式：總資本化率＝第一年的營業淨收入÷投資價值×100%

營業淨收入指的是扣除欠租損失和控制損失及營業費用後的實際收入。對於普通住宅來說，營業費用也就是仲介費用，擇其大者。該法與總租金乘數法相比，考慮到了欠租損失、控制損失和營業費用，但同樣未考慮稅收和融資的影響。

稅前原始股本收益率法

公式：稅前原始股本收益率＝第一年稅前現金收入÷初始投資×100％

初始投資指的是總投資金額中扣除貸款部分後的自備金。對於大部分投資者來說，都存在融資問題。這一方法因考慮了融資的影響，所以較前幾種方法更為完善。

租金回報率分析法

公式一：租金回報率＝（稅後月租金－每月物業管理費）×12÷購買房屋總價×100％

這種方法得出的比值越大，就表明越值得進行投資。它的優點是考慮到了房價、租金及兩種因素的相對關係，是選擇優質地產的簡捷方法。當然，它也同樣存在弊端，就是沒有考慮到全部的投入與產出以及資金的時間成本，對按揭[1]付款沒有提供具體、全面的分析。因此並不能作為投資分析的全面可靠依據。

公式二：租金回報率＝（稅後月租金－按揭月供款）×12÷（首期房款＋期房時間內的按揭款）×100％

這種方法有優點也有缺點。優點是考慮了價格、租金和前期投入，比租金回報率分析法的適用範圍更廣，可估算出資金回收期的長短；缺點是沒有考慮到前期的其他投入以及資金的時間效應。考慮到的因素不具體、比較片面，因此不能作為理想的投資分析工具。

由以上可知，投資房地產所要考慮的因素有很多，所以我們必須要有足夠的耐心去分析、研究，綜合起來進行比較。這就是為什麼在房地產投資領域裡，女性通常比男性的眼光要準的原因。首先，女性投資者多為全職太太，她們有充足的時間，能及

1　指抵押貸款。

時地觀察到樓市上的各種資訊，清楚地瞭解哪個樓盤[2]漲了，哪個區域又推出了新盤。其次，女人心細，天生就適合理財，與男人在事業上的大刀闊斧相比，女人的理財方式更為細膩。她們總能清楚地記著哪天去收房租，哪份租約到期等，並且在對待合約的處理、風險的規避上，她們也一定會辦得妥妥當當，穩賺收益。曾幾何時，溫州的「太太購房團」轉戰國內各大城市，倒賣房產，雖然現在風光已不再，但是投資房地產仍是目前女性最熱衷的投資方式之一。

如果你想在房地產投資中獲取收益，就要注意以下幾點：

首先，要**讓自己變成專家**。在買房前積累一定的相關常識，如法律政策、購房的流程等，另外還要學會看模型和樣品屋。有些人很容易被樣品屋迷惑，草率成交。不少樣品屋都是開發商做給購房者看的，所以會有意隱藏房子本身的一些缺點，只有學會看樣品屋，才能更加全面、具體地去分析房子的可買性。

其次，**不要貪圖便宜**。在價格方面，人們往往會因為價格優惠而一時衝動去買房，結果買中的房子根本不是自己想買的，之後才後悔不已。再次，要全面考察。全面考察開發商的實力，對其資質和樓盤有一個清楚的認識。最好選擇有實力、品牌形象比較好的開發商，查看其相關證書、產權證是否齊全，以便最大限度地降低風險。

最後，還要**看準實際問題**。這點主要包括戶型是否合理，朝向、景觀怎樣，通風是否良好，基礎設施是否完備，還有交通、學校配套情況如何等。

總體來說，房地產投資不是單純地買房賣房，必須對市場有充分的瞭解。投資者在對房地產投資的風險進行分析時，應同時從主觀和客觀兩方面下手，以降低風險，提高效益。主觀上，投資者應樹立風險意識，重視投資的可行性；客觀上，投資者必須對國內外當前的經濟形勢、國家和地方政策、社會發展趨勢、發展規畫有一個全盤的瞭解。只有這樣，投資者才能把握住時機，選中極具升值潛力的房產，贏取房地產投資的高效益。

2　香港不動產買賣時，對房地產的稱呼，泛指地產行業的產品。

62 保險
未來，我們如何安心養老

　　保險是以契約形式確立雙方經濟關係，以繳納保險費建立起來的保險基金，對保險合約規定範圍內的災害事故所造成的損失進行經濟補償或給付的一種經濟形式。簡單來說，保險就是保障在未來風險事件發生時，我們的日常生活不會受到太大的影響，即保險雖然不能改變你的生活，但是卻可以使你的生活不被改變。

　　保險，現在也是我們大家共同關注的話題。它給千千萬萬的家庭送去了安寧和保障，為人們解決了後顧之憂。在現代社會中，我們每個人都有一定的風險意識，許多人都在無意間為自己做著保險。比如現在大多數家庭都安裝了防盜門，為個人的財產提供保障；房間裡都備有一些應急藥品，以應對意外的發生；每個月都額外地存一些錢，作為家人的醫療費用或是以備不時之需等。正是因為人們都有規避風險的意識，保險才應運而生，它可以幫助人們應對意外事件的發生，比如疾病、車禍或是其他不幸的降臨。但是我們要清楚，保險並沒有消滅風險，它只是風險發生時的應對措施。

　　舉個例子來說，假如一個人現在得了癌症。他的家人找了所有的親戚朋友來幫忙，而這些人加起來，能湊齊 100 個已經很不錯了。按每個人都能拿出 5000 元來幫忙的話，那一共加起來也不過 50 萬元。大家都知道，50 萬元對於癌症治療來說根本不夠，又如何讓家人以後的生活有保障呢。但是，如果這個人有 50 萬個親戚朋友呢？那麼，即使每個人只拿出 50 元，也能湊齊 500 萬元的大數目了。而一個人拿出 50 元至少要比 5000 元容易得多，可是要認識 50 萬個親戚朋友又談何容易呢？我們恐怕一輩子也認識不了那麼多人。

　　然而，透過保險，就完全可以幫你去「結交」50 萬個親戚朋友，而在這 50 萬個親戚朋友中的任何一人發生了意外，我們也都要拿出 50 元去幫助他。這樣一來，當最不如意的事情突然降臨到我們身上時，別人也會來幫助我們。所以保險就是把個人的風險轉換到了大家的身上，這樣每個人都只承擔一小部分，那麼，即使風險發生了，我們也可以應對自如。而保險公司所要做的就是公平地收集、管理資金，把一部分資金分配到需要幫助的人手裡，另一部分資金則拿去做投資以給公司帶來利益。

根據不同的分類標準，我們可以將保險分為以下五大類：

財產保險、人身保險與責任保險

根據保險標的（保險物件的財產及其有關利益，或者是人的壽命和身體）不同，保險可分為財產保險、人身保險和責任保險。財產保險是以物或其他財產利益為標的的保險。廣義的財產險包括有形財產險和無形財產險；人身保險是以人的生命、身體或健康作為保險標的的保險；責任保險是以被保險人的民事損害賠償責任為保險標的的保險。

在每一個大類下，我們又可以細分為若干小類。例如，人身保險中又包括人壽保險、人身意外傷害保險和健康保險。

個人保險與團體保險

根據被保險人的不同，保險可分為個人保險和團體保險。其中，個人保險是以個人或家庭作為被保險人的保險。團體保險是以工廠、商店等公司經營單位作為被保險人的保險。

強制保險與自願保險

根據實施形式的不同，保險可分為強制保險和自願保險。強制保險又稱法定保險，它是由國家頒布法令強制被保險人參加的保險。比如，機動車第三者責任保險規定為強制保險的險種。自願保險是在自願原則下，投保人與保險人雙方在平等的基礎上，透過訂立保險合約而建立的保險關係。

原保險與再保險

根據業務承保方式的不同，保險可分為原保險和再保險。原保險是保險人與投保人之間直接簽訂保險合約而建立保險關係的一種保險。在原保險關係中，保險需求者將其風險轉嫁給保險人，當保險標的遭受保險責任範圍內的損失時，保險人直接對被保險人承擔賠償責任。再保險是原保險人以其所承保的風險，再向其他保險人投保，與之共擔風險的保險。

商業保險與社會保險

根據是否營利的標準，保險可分為商業保險和社會保險。商業保險主要是以營利為目的的保險。社會保險是不以營利為目的的保險。

貧窮和富貴都是在變革中產生的，我們現在手中的錢並不見得有多牢靠。生活中，有許多富裕的家庭都因疾病或是意外返貧[1]。其實，疾病也好，意外也罷，都不是人生的特例，而是每個人生命中必須計算的成本。

李嘉誠和王永慶都很有錢，似乎完全不需要用保險來解決醫療、意外事故、養老之類的事情，但是他們卻都買了大量的保險。因為他們明白，錢只是目前擁有的財富，誰也不可能保證這些財富能一直保值、增值，能一直擁有下去，**不可預測的經濟形勢和不可預測的人身風險，都可能讓財富不復存在**。所以，當我們和我們的財富不可預測時，保險會為我們提供保障。

1　是在中國長期以來「扶貧」中出現的大問題，意指在中國很貧困地區實施「扶貧」，但一旦扶貧的錢一停，就回到貧困狀態。

63 複利
如何讓你的財富「滾雪球」

賭博是「快速自殺」，儲蓄是被通貨膨脹「慢性他殺」，炒這炒那容易被危機或災難「瞬間秒殺」，只有複利才是人生和投資理財的大方向，也許複利不是萬能的，但沒有複利卻是萬萬不能的。

舉個簡單的例子，假如你有 10 萬元的本金，按照年收益率 10% 來計算，第一年末你將得到 11 萬元，如果把這 11 萬元繼續按 10% 的收益來投資，第二年末你的收益將是 11×1.1＝12.1 萬元。如此迴圈，第三年末就是 12.1×1.1＝13.31 萬元⋯⋯那麼，等到第八年就是 21.4 萬元。

這就是複利的魔力，因為它的計算是對本金及其產生的利息一併計算，也就是「利滾利」，所以我們投資的資金可以年復一年地獲取利息、股息等資本回報，然後再把這些額外的回報和當初的本金加在一起再次投資，如此迴圈，規模無限擴大，收益也就無限擴大。就像滾雪球一樣，如果將一個小雪球從山頂滾下來，只要這個雪球的黏性夠大，在路過的山坡間便會不斷黏附更多雪花，最終形成難以想像的大雪球。

有一個古老的故事，講的是一個愛下象棋的國王，在他的國度從未遇到過對手。為了找到對手，他下了一個詔書，詔書中說無論是誰，只要打敗他，國王就會答應他的任何要求。一天，一個年輕人來到了皇宮，要求與國王下棋。經過緊張激戰，年輕人終於贏了國王，國王問這個年輕人要什麼樣的獎賞，年輕人說他只要一點小小的獎賞，就是在棋盤的第一個格子中放上一顆麥子，在第二個格子中放入前一個格子的兩倍，每一個格子都是前一個格子中麥子數量的兩倍，一直將棋盤擺滿為止。國王覺得很容易就可以滿足他的要求，於是便同意了。但很快國王就發現，就算將國庫所有的糧食給他也不夠。因為即使一粒麥子只有一克重，也需要數十萬億噸的麥子才夠。儘管從表面上看他的起點十分低，從一顆麥子開始，但是經過多次的乘積，就迅速變成龐大的數字。

其實，這就是複利的威力，愛因斯坦也曾說過：「複利的威力大過原子彈。」它通常以很小的資金起步，經過長時間的「利滾利」而積攢成很大一筆財富。

大家都知道香港首富李嘉誠先生，他從 16 歲開始創業，到 73 歲時，家產已達 188 億美元，這個天文數字對於普通人是不可想像的。但是我們仔細來算，如果我們有 1 萬美元，每一年複利可以達到 28％，那我們用同樣的時間，就可以做到像李嘉誠一樣出色。其實一年的利潤並不高，我們也許能在幾個月的時間裡獲得比這高得多的收益，但事實上，成功不在於一兩次的暴利，而是是否能夠穩定、持續地保持。

30 歲之前的錢是用體力換來的，30 歲之後就一定要用錢來賺錢。在人生中，追求財富的過程不是百米賽跑，也不是千米長跑，而是要在數十年的時間距離上進行耐力比賽。

當然，複利並不是「一本萬利」的，也有可能虧損，畢竟誰都不能保證自己的投資一定會贏利。如果你選錯了投資時間、投資對象，那麼你的成本不僅不能按複利增長，還有可能會虧損。時下很多人在投資時，可能會首選收益比較大的項目，卻忽略了這些項目的風險性。要知道收益越大，風險也就越高，如果稍不留神就很可能血本無歸。所以，**作為一個初入社會的投資者，一定以「不虧損」為原則，堅持長期投資**。只有這樣，你的投資收益才會像雪球一樣越滾越大。

64 套利
如何低買高賣，成就致富夢

　　套利，也叫價差交易，指的是在買入或賣出某種電子交易合約的同時，賣出或買入相關的另一種合約。套利交易是利用相關市場或相關電子合約之間的價差變化，在相關市場或相關電子合約上進行方向相反的交易，期望價差發生變化而獲利的交易行為。

　　一般情況下，西方各個國家的利息率是高低不同的，有的國家利息率高一些，有的國家利息率低一些。利息率高低是影響國際資本活動的一個重要因素，在沒有資金管制的情況下，資本就會流出國界，從利息率較低的國家轉入到利息率較高的國家，然後從中「套利」。更貼切地說，就像在不同城市間，如果一種商品的價格存在差額，就會有人把它從價格低的城市販賣到價格高的城市，從中賺取差價。所以，套利活動的有效性以兩地間的運輸或是交易的成本為限，直到兩地間的價差小於運輸交易的成本為止。

　　舉個例子來說，假設在某一時期內，1 英鎊在華盛頓市場與美元的兌換率低於 1 英鎊在倫敦市場與美元的兌換率。那麼，如果兩個市場上的匯率之差高於交易費用，套利者就會用英鎊在華盛頓市場上買進美元，然後在倫敦市場上賣出美元換回英鎊。那套利者的淨收入就是兩個市場的匯率之差減去交易費用。但是，套利者的行為也會讓買進市場（華盛頓）英鎊的兌換率提升，使賣出市場（倫敦）英鎊的兌換率下降。目前，套利交易已經成為國際金融市場上一種重要的交易方式。

　　但是，在我們的日常生活中，套利卻並不是那麼容易的。比如我們都知道蘇州的日用品比上海要便宜，但是讓上海人都到蘇州去買日用品卻是不現實的，除非從上海到蘇州的交通費極低且一次性購買的量大。生活中套利的終極方式還是搬家——人們從成本高的地方搬到成本低的地方。例如 1989 年的東京，正經歷著大規模的房地產泡沫。一個叫濱田幸一的男人和家人住在一座大約有 40 坪的獨棟房子裡，當時這個房子價值 600 萬美元，他家的年收入大約是 12 萬美元。而當時美國和日本的國債收益率都超過 7%，也就是說，不動資產的價值相當於家庭年收入的 50 倍，而房

屋價值的利息收入是他們家庭年收入的 3 倍左右。由此看來，他們完全可以賣掉房子，用這筆錢來購買美國國債，這可以讓他們在美國過上貴族般的生活，然後等到房地產價格下跌後再搬回來。

目前，套利已經成為中國國內經濟市場和國際金融市場的重要交易方式。特別是隨著中國期貨市場規模的不斷擴大，市場中蘊藏著大量的套利機會，只要我們用心研究、學習相關知識，及時捕捉機會，套利勢必會給我們帶來滿意的回報。套利一般可以分為三種：

跨期套利

跨期套利是套利交易中最普遍的一種。簡單來說，跨期套利是利用相同品種的不同交割月份合約之間的差價變動來進行的。它分為牛市套利和熊市套利兩種形式。舉個例子來說，假設 5 月玉米和 8 月玉米的價格現在分別是一斤 1.5 元和一斤 1.8 元，如果你判斷它們之間的差價將會縮小，比如 5 月變成一斤 1.82 元、8 月變成一斤 1.89 元時，那麼就可以買 5 月、賣 8 月，待差價縮小後，你就可以同時平倉獲取利潤了。這樣不僅可以避免行情劇烈變動帶來的風險，還可以獲得穩定的收益。

跨市套利

跨市套利是在不同交易所之間的套利交易行為。當同一期貨商品合約在兩個或更多的交易所進行交易時，由於區域間的地理差別，各商品合約間存在一定的價差關係。例如倫敦金屬交易所（LME）與上海期貨交易所（SHFE）都進行陰極銅的期貨交易，每年兩個市場間會出現幾次價差超出正常範圍的情況，這為交易者的跨市套利提供了機會。例如，當 LME 銅價低於 SHFE 時，交易者可以在買入 LME 銅合約的同時，賣出 SHFE 的銅合約，待兩個市場價格關係恢復正常時再將買賣合約對沖平倉並從中獲利，反之亦然。在做跨市套利時應注意影響各市場價格差的幾個因素，如運費、關稅、匯率等。

跨商品套利

跨商品套利指的是利用兩種不同的、但相關聯商品之間的價差進行交易。這兩種商品之間具有相互套利替代性或受同一供需因素制約。跨商品套利的交易形式是同時

買進和賣出相同交割月份但不同種類的商品期貨合約。例如金屬之間、農產品之間、金屬與能源之間等都可以進行套利交易。

交易者之所以進行套利交易，主要是因為**套利的風險較低**，套利交易**可以為始料未及的或因價格劇烈波動而引起的損失提供某種保護**，但套利的盈利能力也較直接交易小。套利的主要作用：一是幫助扭曲的市場價格回復到正常水準，二是增強市場的流動性。

一個簡單的例子就是，以較低的利率借入資金，同時以較高的利率貸出資金，假定沒有違約風險，此項行為就是套利。這裡最重要的是時間的同一性和收益為正的確定性。

套利相對於單向投機而言，交易風險較低，同時又能取得較為穩定的利潤，是一種比較穩健的交易方式。但是值得注意的是，套利交易必須在正確的時機，按照操作規程進行，否則，就不能達到應有的效果。

65 財務槓桿
用棉薄之力撬動財富之門

當我們還在讀書時，就在物理課本中學過，利用一個支點和一根槓桿，再施加很小的力量就足以抬起很重的物體。而這個理論在理財策略上，也同樣適用，我們一樣能找到這樣一根神奇的槓桿，起到四兩撥千斤、以小搏大的效果，這就是我們所說的「財務槓桿」（Financial leverage）。下面我們就以企業為例來談一下財務槓桿。

我們都知道，企業生產經營的過程中總需要一定的資金，那麼想要獲得資金有哪些管道呢？總結起來有兩種方式：負債籌資和權益籌資（例如，經營者自有資本投資）。企業的全部資金都依靠經營者投資明顯是不實際的，這樣對企業的投資者來說也不一定是有利的。事實上，舉債經營的原因並不是因為資金短缺造成的，而是企業的經營策略之一，簡單來說，就是平時我們常說的「借雞下蛋」，把「雞」還回去，而「蛋」就歸我們自己所有了，何樂而不為呢？

有一個問題是十分值得注意的，那就是借來的「雞」一定要會下「蛋」。舉例來說，某企業的投資人投入 2000 萬元，預計能夠產生 20％的報酬率，如果全部都是用投資人自有資金來投資，那麼這 2000 萬元的自有資金的資本報酬額為 400 萬元。但是如果該投資人拿出 2000 萬元，另外又借 1000 萬元，借款年利率 15％，資本報酬率仍然是 20％，報酬額為 600 萬元〔（2000＋1000）×20％〕，減去借款負擔的利息費用 150 萬元（1000×15％）之後，報酬總額為 450 萬元。

從上面的例子中我們可以看出，**當投資報酬率大於利息率時，適當負債對經營者來說是有利的**，這就是財務管理中的財務槓桿基本原理，也就是說企業籌資結構中負債的運用對企業生產經營有著重要的影響。因為在企業資本總額不變的情況下，當企業財務結構中保持一定比例的固定資金成本（借款、優先股股金）時，企業需從營業利潤中支付的債務成本（利息、優先股股息、租賃費）是一定的。當營業利潤增加或減少時，每 1 元營業利潤所承擔的債務成本也會相應減少或增加，從而給每股普通股帶來額外的利潤或損失，即為財務槓桿的作用。其財務槓桿係數＝權益資本收益變動率÷息稅前利潤變動率＝息稅利潤÷（息稅前利潤－債務利息）。

阿基米德曾經說過：「給我一個支點，我就能舉起整個地球。」將這句話延伸到財務槓桿上就是：「借我足夠多的錢，我就能獲得巨大的財富回報。」財務槓桿是利用借來的錢，為自己創造財富的一種方式。另外，對於整個企業而言，利息計入期間費用是可以在稅前利潤抵減的，而支付給股東的紅利卻不能在稅前扣減，要在稅後利潤中支付。在考慮所得稅因素後，企業的利息負擔就不是原來按利率計算的利息額，而是扣除所得稅後的餘額。這樣，如果借款 1000 萬元，利率為 10%，該企業是盈利，貸款可稅前列支，免繳所得稅 33%，實際企業只負擔 6.7%。

另外，假如合理運用財務槓桿，並且使財務槓桿和經營槓桿配合使用，就能夠對淨利潤產生聯合撬動效應。與此同時，一定要明白借貸雙刃劍的作用。財務槓桿也能夠對企業財務風險的指標進行衡量，兩者呈正向變動關係。在營業利潤偏離期望值的程度一定的情況下，財務槓桿係數越大，淨利潤的變化程度就越高，潛在的財務風險也越大。假如某企業的財務槓桿係數為 2，表明淨利潤會以 2 倍息稅前收益的變化速率變化，財務風險較大。

利用財務槓桿操作看起來效益十分可觀，但是必須建立在「操作得當」的情況之下，前提為期望報酬率必須高於貸款利率，但是如果判斷錯誤，投資報酬率沒有預期的高，甚至是負的時候，再加上需要負擔的借貸利息，就變成「反財務槓桿操作」，反而損失慘重。因此，**財務槓桿操作雖然在投資上常被利用，但仍是一種較高風險的投資策略，投資人若個性保守，或不能承擔虧損的後果，就盡量少利用為好**。只有當企業盈利率高於借入資金的利息率時，財務槓桿的正效用才會有效發揮，如果借入資金所獲得的收入還不足於補償為獲得這筆資金所支付的費用，負債融資只能成為企業的負擔，甚至還會威脅到企業的發展與生存。

在市場經濟條件下，不論資本的來源如何，總是要付出一定代價的。假如經營者已決定進行舉債投資，那麼，接下來就要考慮，舉多少債是比較合適的。這個問題是至關重要的，這裡蘊含了許多財務管理上的技能。借債也是有限度的，我們要考慮企業的財務狀況和償還能力，即便是盈利企業，也會有因為舉債不佳而陷入財務危機的可能性。所以，在利用財務槓桿的時候，絕對不可以單方地、教條地對待問題，一定要綜合考慮企業內外部的綜合因素。「財務槓桿」如果利用恰當，的確能夠撬動財富之門；假如利用不佳的話，也有可能造成難以挽回的損失。財務槓桿利益以及財務風險是企業資本結構決策的重要因素之一，理財籌資決策需要在槓桿利益與其相關的風

險之間進行合理的權衡。

假如企業未來的銷售額相對穩定的話，企業就不會發生舉債而導致短時間內無力償債的情況，在這種情況下，企業採用較高的財務槓桿也就不會產生後顧之憂。在行業競爭激烈的條件下，採用高財務槓桿就要承擔較大的風險。當然，資產的雄厚程度、投資報酬率，以及通貨膨脹率等都是一定要考慮的因素，假如以上條件沒有考慮周全的話，「雞」不僅不能下「蛋」，相反的，還會倒蝕一把「米」。所以，不能為了獲取撬動效應而置風險於不顧。

第 7 章　他山之石，可以攻玉

讓你無往而不勝的職場經濟學

66 內捲化效應
為什麼你的工作缺乏激情

只有充分發揮自我的力量，更新自己的觀念，提升自己的能力，才能走出內捲化的沼澤，從而使得自己的職業生涯呈現出生機勃勃的景象。

多年前，一位中國中央電視台的記者去中國陝北採訪了一個放羊的男孩，曾留下這樣一段經典對話。記者問這個放羊的男孩：

「你為什麼要放羊？」

「為了賺錢。」

「你賺了錢準備幹什麼呢？」

「賺了錢要娶媳婦兒。」

「娶媳婦兒幹什麼？」

「生孩子。」

「生孩子幹什麼？」

「放羊。」……

男孩為什麼會說出這番話？很顯然，他受到了父輩們的影響。千百年來，中國農民日出而耕，日落而息。他們早已習慣了這樣的生活方式，並認為如此繁衍生息下去合情合理。於是，子輩們繼承了父輩們的命運，一代接著一代，任勞任怨地在黃土地上勞作。

不要恥笑男孩的單純與保守，其實，這樣的例子在生活中也不勝枚舉。年輕的你不妨審視一下自己，是不是也像男孩一樣陷入了一種原地打轉的狀態。例如：你是否在職場上打拚了幾年，卻依舊停留在初入公司時的水平線上？你是否感覺自己無所作為，無法突破，甚至有了一點自怨自艾的想法？你是否終日都在嫉妒別人、抱怨自己或怨天尤人？……如果是，那麼你已經陷入泥沼之中了，而這個泥沼便是「內捲化效應」。

讓我們來進一步了解這個名詞，「內捲化」（involution）是 20 世紀 60 年代末，美國著名人類文化學家克利福德・格爾茨（Clifford Geertz）提出的概念，後來

廣泛應用於經濟學。當時他正在研究爪哇島的水稻業，他發現那裡的農業生產長期以來沒有任何進步，於是索性把這種現象稱為「內捲化」。後來這個學術概念被引申為一種狀態：指一個社會、一個組織甚至一個人，既沒有突破性的發展，又沒有漸進式的增長，只是在一個簡單層次上無止盡地自我重複、自我消耗。

這真是一種可怕的狀態！對於正在讀書的學生來說，假如你學壞了，老師就有可能放棄你，而他越是放棄你，你就越是將錯就錯；對於發展事業的年輕人來說，你沒有作為就會消極，而你越消極，便更加沒有作為⋯⋯。長此下去，你不僅會停滯不前，更有可能倒退。因此，若想出人頭地，若想加薪升職，就要走出「內捲化」，讓一切重新開始。

如何走出「內捲化」呢？自身的力量很重要，首先，你要提升自己的意志力。我們常說，**觀念決定人的命運，如果一個人認為自己未來能有所建樹，那麼他一定會為自己的目標付諸行動，到時，結果就會朝著他想要的方向發展；**而如果一個人自怨自艾，認為自己這輩子沒有發展了，那麼他在這種消極思想的左右下，可能真的就沒有任何進展了，他將在自暴自棄中度過餘生。

當然，**時刻讓自己保有旺盛的求知欲也是避免陷入內捲化效應的方法之一。**人一旦有了求知欲，便會喜愛學習，不斷地開闊視野，轉化思想，突破、超越自我，從而為個人的職業生涯開拓出新的天地。

67 蝴蝶效應
細節能改變你的軌跡

　　「蝴蝶效應」（Butterfly effect）是由美國氣象學家愛德華・羅倫茲（Edward N. Lorenz）在華盛頓的美國科學促進會的一次講演中提出的，它的內容是：一隻南美洲亞馬遜河邊熱帶雨林中的蝴蝶，偶爾搧幾下翅膀，就有可能在兩週後引起美國德克薩斯州的一場龍捲風。原因在於蝴蝶翅膀的運動，會導致其身邊的空氣系統發生變化，並引起微弱氣流的產生，而微弱氣流的產生又會引起四周空氣或其他系統產生相應變化，由此引起連鎖反應，最終導致其他系統的極大變化。

　　「蝴蝶效應」聽起來有些誇張，但是卻解釋了哲學中的「普遍聯繫性」，即事物某一環節出現的一個極小的偏差，都有可能引起結果的極大變化。西方有一則諺語就生動、具體地解釋了這一現象：「少了一枚釘子，掉了一個蹄鐵；掉了一個蹄鐵，毀了一匹戰馬；毀了一匹戰馬，摔死了一位騎士；摔死了一位騎士，吃了一場敗仗；吃了一場敗仗，亡了一個國家……。」

　　馬蹄鐵上一枚釘子的丟失，本是初始條件中十分微小、不易察覺的變化，但其「長期」效應卻影響了一個國家的存與亡，這就是政治和經濟領域中十分重要的「蝴蝶效應」。由此我們可以明白，**如果對一個微小的紕漏不以為然、任其發展，那它就有可能像多米諾骨牌那樣引起全域的崩壞，正如一陣微風可能引發一場雪崩，一個菸頭可以點燃整座森林。**

　　名揚天下的美國福特公司，曾經不僅使美國的汽車產業在世界上稱霸，而且改變了整個美國的國民經濟狀況，可誰又能想到如此成功的創造者福特，當初進入業界時的契機竟是「撿廢紙」這個簡單的動作。

　　那時福特剛出社會，來到一家公司應徵工作，當時，一同應徵的幾個人資歷都比他好，福特覺得自己幾乎沒有希望了。當他敲門走進經理辦公室時，發現書桌旁的地上有一張紙，他很自然地彎腰把它撿起來，看了看，原來是一張廢紙，就順手把它扔進垃圾桶。

　　經理將這一切都看在眼裡，福特剛說了一句話：「您好，我是來應徵的福特。」

經理就發出邀請：「很好，福特先生，你已經被我們公司錄用了。」這個讓福特感到震驚的決定，實際上源於他那個不經意的動作，經理接著說：「你的競爭對手確實學歷比你高很多，但是，他們的眼裡只能看到大事，對細節、小事置若罔聞。而你的眼裡不管大小事都能看得到、關注得到，我認為，一個人連細節都能懂得處理，將來必定會有所作為。」從那以後，福特就開始了他的輝煌之路，並最終讓福特汽車聞名全世界。

福特的成功其實絕不是偶然，而是必然。他下意識的動作是他習慣、性格的表現，同時，這個動作也體現了他積極的人生態度，這正如美國心理學家詹姆士（William James）所說：「播下一個行動，你將收穫一種習慣；播下一種習慣，你將收穫一種性格；播下一種性格，你將收穫一種命運。」**在我們的一生中，一次大膽的挑戰，一個燦爛的微笑，一個習慣性的動作，都可以產生意想不到的輝煌和成功，它所能帶來的遠遠不止於一點點表面上的報酬。**

2003 年美國的「狂牛症」，相信大家現在仍是記憶猶新。那時，美國的經濟剛剛復甦，卻因為狂牛症引起了一場「蝴蝶效應」，而阻礙了經濟發展和恢復的腳步。搧動「蝴蝶翅膀」的，是那頭莫名其妙的「狂牛」，受到衝擊的，則是倒楣的美國牛肉產業和 140 萬個工作崗位。而同時受到波及的還有養牛業主要飼料來源的美國玉米業和大豆業，導致其期貨價格呈現下降趨勢，到最後，將狂牛症損失推波助瀾到最大的，還是美國消費者對牛肉產品再次出現的信心不足。在全球化的時代，這種恐慌情緒不僅造成了美國國內餐飲企業的慘澹、蕭條，還使得全球至少 10 個國家緊急宣布禁止進口美國牛肉，就連遠在大洋彼岸的中國廣東等地的居民都對西餐敬而遠之，導致美國出口貿易銳減，經濟損失慘重。

由此我們可以看出，**經濟發展的成敗是要統籌全域的，忽視了其中的任何一個環節，都有可能對整個經濟的運行造成不良影響。**在職場中也是同樣的道理，只有注重小事，不看輕細節，才不會因為一著不慎，而滿盤皆輸。

68 木桶定律
關注「短板」，別讓缺陷拖累你

木桶定律所要表達的是：組成木桶的木板如果長短不齊，那麼木桶的盛水量並不是取決於最長的那一塊木板，而是取決於最短的那一塊木板。**這個理論說明了個人或組織的能力與水準並非由最好的部分決定，反而是由劣勢的部分決定。**

舉個簡單的例子來說，如果你的考試成績中數學和物理兩門拿了滿分，而歷史和地理的成績卻很差，那麼你的總成績就會被差的科目拉下來。你可能想既然這些劣勢部分決定了你的總體水準，那去掉這些劣勢部分不就可以了？你有這個想法就說明你還沒有意識到「最短的木板」也是木桶不可或缺的一部分，你不能因為自己歷史、地理很差就不去考試了，所以這些劣勢部分並不是想去掉就能去掉的。

每個人都在不同程度上存在著缺點和不足，面對自己的這些缺點和不足，有些人從沒察覺到，有些人雖然有所察覺，卻聽之任之，於是，他們永遠只能在原地踏步或不斷退步。

劣勢牽動優勢，劣勢決定成敗，這就是市場競爭的法則。在這個競爭激烈的時代，每個職場人員一定要有憂患意識，時刻審視自己，如果發現自身存在著「短木板」，一定要迅速將它做長補齊；否則，它帶來的損失將會是致命的，這個道理同樣適用於企業。

華訊有一個員工，由於不受主管重用，工作時的一些想法也不被主管肯定，因而終日鬱結難舒，毫無工作熱情。這時剛好摩托羅拉公司需要從華訊借調一名技術人員協助做市場服務，華訊的總經理在深思熟慮之後，決定派這位員工去。這位員工很高興，覺得終於有一個施展自己拳腳的機會了，去之前，總經理只對那位員工簡單囑咐了幾句：「出去工作，既代表公司，也代表我們個人。怎樣做，不用我教，如果覺得頂不住了，打個電話回來。」一個月過後，摩托羅拉公司打來電話：「你派出的兵還真行！」「我還有更好的呢！」華訊的總經理不忘推銷公司，同時也鬆了一口氣，因為他知道這位員工並不是最優秀的。這位員工回來後，部門主管對他另眼相看，同事們也嘖嘖稱讚，他也變得有自信了，後來，他還對華訊的發展做出了不小的貢獻。

從華訊的例子中可以看出，只有重視對「短木板」的激勵，才可以使「短木板」慢慢變長，繼而提高自身的實力。

被譽為美國「最佳管理者」的奇異公司前執行長麥克‧尼爾（Michael Neal）宣稱，奇異每年的員工培訓費用高達 5 億美元，並且還會成倍增長。惠普公司內部，有一項關於管理規範的教育專案，僅是這一個培訓項目，每年的研究經費就高達數百萬美元，他們不僅研究教育內容，還研究哪一種教育方式更容易被人們所接受。

員工培訓實質上就是透過培訓來增大「木桶」的容量，加強企業的總體實力，而要想提升企業的整體實力和綜合績效，除了對全體員工進行培訓外，更要注重對「短木板」，即非明星員工能力的開發，只有對能力較低員工的關注與培養到位，才能提高團隊的綜合實力，促進企業的和諧發展。

總之，**一個企業要想成為一個容量大、結實耐用的木桶，首先就要想方設法地提高所有木板的長度，讓他們都保持「足夠高」的高度；而一個人要想在職場出人頭地，就要盡快把自己的「短板」補齊。**

69 手錶定律
目標太多等於沒有目標

在森林裡生活著一群猴子，每天太陽升起的時候牠們都會外出覓食，太陽下山的時候再回去休息，日子過得平靜而幸福。

一天，一名遊客在穿越森林的時候，把手錶落在樹下的岩石上，手錶被猴子猛可撿到了。聰明的猛可很快就搞清楚了手錶的用途，於是，猛可成了整個猴群的明星，每隻猴子都向猛可詢問時間，猴群的作息時間也由猛可來規畫，就這樣，猛可迅速地建立起威望，當上猴王。

做了猴王的猛可認為是這支手錶為自己帶來好運，於是牠每天在森林裡尋找，希望能夠撿到更多的手錶。終於，皇天不負苦心人，猛可又擁有了第二、第三支手錶。

但問題很快出現了，每支錶的時間顯示都不相同，到底哪一個才是確切的時間呢？猛可被這個問題難倒了。當有猴子來問時間時，猛可支支吾吾回答不上來，整個猴群的作息時間也因此變得混亂。過了一段時間，猴子們聯合起來把猛可推下猴王的寶座，猛可的收藏品也被新任猴王據為己有；但很快，新任猴王也面臨了與猛可一樣的困惑。

這就是著名的「手錶定律」，它所要告訴我們的就是，當我們只有一支手錶時，可以知道時間，擁有兩支或更多的手錶，卻無法確定時間了。因為更多的手錶並不能告訴人們更準確的時間，反而會讓看錶的人迷惑，失去對準確時間的信心。

同樣，對於一件事情，不能同時設定兩個不同的目標，否則將使這件事情毫無頭緒、無法完成。

世界著名男高音歌唱家盧奇亞諾·帕華洛帝（Luciano Pavarotti）就曾經有過一段迷茫、困頓的時期。在他即將從一所師範學院畢業時，他陷入了深深的苦惱之中：畢業後是做一名平凡的教師，還是從事自己喜愛的歌唱事業呢？或者是二者兼顧？這確實是個困難的選擇。帕華洛帝在大學裡學的專業是教育，但是他其實更喜歡唱歌，到底該如何選擇呢？在左思右想毫無結果之後，他只得向自己的父親請教。

父親沉思了一會兒之後，對兒子說：「孩子，如果你想同時坐在兩把椅子上的

話，那你也許會從椅子間的空隙掉到地上，因為生活要求你只能選一把椅子。」帕華洛帝聽了父親的話，終於下定決心，選擇在歌唱藝術的道路上艱難而不屈地前進，最終成為一名世界巨星。從以上事例可以看出，**無論是對於企業的經營管理，還是對於自我的人生之路，都必須有一個明確的目標，然後腳踏實地、堅定不移地努力，只有這樣才會有成功的機會。**

這個世界上存在著太多的標準，對於同一件事情，每個人的思維方式不同，觀點自然也就不同，因此幾乎每件事情都能用不同的標準來衡量，都會有不同意見供你選擇。**在生活中，我們經常要參考別人的意見和標準，但並不是標準越多越好，因為標準多了，反而會讓自己無所適從**，所以，我們只要堅持自己的觀點和立場便足夠了。

無論是在生活還是工作中，挫折和磨難都不是問題，問題在於我們要堅守那支屬於自己的「手錶」，把時間校正，認定一種價值觀，確立一個目標，在人生的旅途中不斷奮鬥、前進。

70 250 定律
真心贏得每一位顧客

一位上了年紀的婦人走進一間家具店，說 10 年前在這家店裡買了一張沙發，可現在沙發的一根椅腳斷了，想讓店裡免費為她修理。家具店老闆帶著他的兒子，當天下午就到這位婦人家裡去修沙發，為她的沙發新換了一根椅腳。

其實，在為老婦人修沙發時，他們就從標籤上發現那張沙發並不是他們店的商品。兒子不解地問父親：「她根本就不是我們的顧客，為什麼我們還要一分錢不收地為她修理沙發？」父親看著兒子的眼睛，鄭重地說道：「不，現在她是我們的顧客了。」兩天後，那位老婦人再次光臨，這次她從這家店裡買走了價值幾千美元的新家具；不僅如此，那位老婦人還變成了這家家具店的「活廣告」，逢人就介紹他們的服務做得好。

在商界有這樣一句名言──「顧客就是上帝」，在銷售行業也同樣如此。顧客是第一重要的，沒有顧客就沒有訂單，正如事例中的家具店老闆一樣，用真心贏得了原本不屬於自己的顧客，又透過顧客的口碑飲譽四方，因而形成和擁有一個新的顧客群。所以，**要認真對待身邊的每一個人，因為每一個人的身後都有一個相對穩定、數量不小的群體。**善待一個人，就像點亮一盞燈，照亮一大片。

美國著名的推銷員喬・吉拉德（Joe Girard）深刻意識到這一點，並總結出了「250 定律」。他認為每一位顧客身後，大約有 250 名親朋好友，如果你贏得了一位顧客的好感，就意味著贏得 250 個人的好感；反之，如果你得罪了一名顧客，也就意味著得罪 250 名顧客，這一定律有力地論證了「顧客就是上帝」的真諦。

喬・吉拉德是世界上最偉大的推銷員，他曾在 15 年內共銷售 13,001 輛汽車，連續 12 年平均每天銷售 6 輛車，這項紀錄被收入《金氏世界紀錄大全》。這項紀錄迄今為止無人突破，正因如此，他被稱為「世界上最偉大的推銷員」，當之無愧。

喬・吉拉德有一句名言：「我相信推銷活動真正的開始在成交之後，而不是之前。」**推銷是一個連續的過程，成交既是本次推銷活動的結束，也是下次推銷活動的開始。**推銷員在成交之後繼續關心顧客，既可以贏得老顧客的信賴，又能吸引新顧客

的光臨，使生意越做越大，客戶越來越多。

喬・吉拉德在和自己的顧客成交之後，並不是把他們置於腦後，而是繼續關心他們，並適當地表示出來。喬・吉拉德每個月要為他的1萬多名顧客寄去一張賀卡。一月份祝賀新年，二月份紀念華盛頓總統誕辰日，三月份祝賀聖派翠克節……，凡是在他那裡買了汽車的人，都收到他的賀卡，也就記住他了。他每天都在借助這樣的方式發出愛的資訊，他的這套客戶服務方式，先後被許多世界前 500 強公司效仿。

喬・吉拉德不是天生的大贏家，但是，後來的他卻成為世界上最著名的推銷員。他的成功正是因為他用心贏得每一位顧客！如今，他的銷售理念已經成為一種文化。

現在，所有的商家都懂得做好廣告的重要性，都注重利用可以利用的所有手段大做廣告，但是往往忽略了做好「活廣告」。「活廣告」不僅具有一般廣告所具有的能夠創造「消費者」的功能，而且還具有創造「回頭客」和影響、帶動更多消費者的功能。任何商家都希望自己的顧客如「韓信點兵，多多益善」。**這就要求商家不能只把「顧客是上帝」寫在廣告中，停留在口號上，而是要真正落實在行動上，體現在服務中，不僅表現在個別服務環節上，而且要貫徹到整個過程。**不要只對少數大客戶笑臉相迎，而要對所有的顧客都熱情備至，想每一個顧客之所想，供每一個顧客之所需，圓每一個顧客之所夢，讓每一個顧客都乘興而來，滿意而歸。

71 跳蚤效應
人生不設限

　　有一則有趣的實驗，講的是一位生物學家將一隻跳蚤隨意向地上一扔，它便從地面上跳起一米多高；但是如果在一米高的地方放個蓋子，這隻跳蚤跳起來就會撞到蓋子，而且是一再地撞到蓋子。過一段時間，生物學家將蓋子拿走就會發現，雖然跳蚤持續在跳，但已經無法跳到一米以上的位置了，直至生命結束都是如此。

　　這是為什麼呢？原因很簡單，跳蚤已經調節了自己跳的高度，而且適應了這種情況，不會改變。其實人也一樣，很多人不敢去追求夢想，不是追不到，而是他們以為追不到，因為他們心裡面已經默認了一個高度，這個高度常常使他們受限，看不到自己未來確切的努力方向和價值目標在哪兒。

　　在一位老農的農田裡，多年以來一直橫放著一塊大石頭，這塊大石頭不知弄斷了老農多少鋤頭和播種機。大石頭的長和寬足有一米，而且看上去已經埋在地裡很多年了，陷得很深，老農對此無可奈何，不知道該怎麼處理。

　　有一天，在一把鋤頭又被弄壞之後，老農終於忍無可忍，下定決心要弄走它，於是，他找來撬棍塞進石頭底下，讓他驚訝的是，石頭並沒有像他想的那樣深埋在地裡，稍微一使勁就被撬了起來。這時，老農腦海裡閃過多年來被巨石困擾的情景，再想到本該可以更早就把這樁頭疼事處理掉，禁不住一臉的苦笑。

　　對於職場人士來說，阻礙自己的「巨石」往往都是心理上的障礙和思想上的錯覺。**人們往往喜歡安於現狀、自我設限，拒絕去嘗試新的挑戰，因此，也就無法有更高層次的發展，因為在思想上已經認為不可能，在行動上自然也就不會去做。**一個金牌銷售員是在明確目標的指引下進行推銷的，有怎樣的目標，就有怎樣的業績。偉大的目標可以成就一個輝煌的未來，同樣地，一個狹隘的目標也能讓人在默默無聞中虛度終生。

　　有這樣一則哲理故事，講的是有人問三個正在勞動的泥水匠：「你們在做什麼呢？」第一個人說：「砌牆。」第二個人說：「蓋樓。」第三個人說：「建一座充滿魅力的城市。」等到 10 年之後，第一個人還是泥水匠，第二個人成了建築工地上的

工頭，第三個人則成了房地產業的大老闆。正如中國中央電視台的一句廣告語說：「夢想有多大，舞台就有多大。」換句話說，一個人的「野心」有多大，成就就有多大，所以，對於我們個人而言，如果能夠突破自我的限制，一切就皆有可能，不妨多給自己一些心理暗示：「我能做到，我一定會做得非常好」、「只要努力我一定能成功」。

其實，許多在我們眼裡沉重和無奈的目標，等到我們真正下定決心、鼓足勇氣克服之後，才發現它不過是一層窗紙而已，並沒有我們想像中的困難。自我設限是一件悲哀的事，現實生活中，有很多人也在過著這樣的跳蚤人生，他們永遠也跳不出自己的枷鎖。他們不是因為沒有能力獲得成功，而是內心已經替自己默認了一個「高度」，並且每日望著這個高度暗示自己：成功是遙不可及的。其實，**如果你不為自己的人生設限，那你的人生高度也就沒有限制。**

72 路徑依賴
選好自己的第一份工作

在《管子・小問》中有這樣一個故事：一天，齊桓公到馬棚裡「視察」時，問管理馬棚的官吏：「馬棚裡哪樣工作最難做啊？」管馬棚的官吏不知道怎麼回答是好，相國管仲就回答說：「我曾養過馬，知道是編製供馬匹站立的馬棚最困難。如果開始時用彎曲的木料編製，那麼以後就一直要用彎曲的木料，哪怕木料用完了，直的木料也用不上；如果開始時用直的木料編製，以後就一直要用直的木料，哪怕木料用完了，彎曲的木料同樣也不能用。」

有什麼樣的開始就有什麼樣的結局，這就是經濟學中所說的「路徑依賴」，它指的是**人們一旦選擇了某種制度，進入了某一「路徑」，就好比走上了一條不歸之路，慣性的力量會使這一制度不斷自我強化，讓你無法輕易走出去。**

路徑依賴，是由美國經濟學家道格拉斯・諾思（Douglass C.North）提出的。他用這條理論成功地闡釋了經濟制度的演進規律，並因此獲得了 1993 年的諾貝爾經濟學獎。對於其在經濟學中的應用，我們可以這樣理解：好的路徑會對企業自身起到正回饋的作用，使企業發展進入良性迴圈，不斷產生好的效益；不好的路徑會對企業起到負回饋的作用，同樣是因為慣性，卻會使企業陷入錯誤的沼澤裡，無法自拔。

美國鐵路的兩條鐵軌之間的標準距離是 4 英尺 8.5 英寸。為什麼不用整數，比如用 5 英尺作為標準距離呢？

原來這是遵循了英國鐵路的標準，因為美國最早的鐵路是由英國殖民者建造的。那麼英國人為什麼要用這個標準呢？原來英國的鐵路沿用的是電車所用的標準，那電車的鐵軌標準又是從哪裡來的呢？原來建造電車的人以前是造馬車的，而他們沿用的正是馬車的輪寬標準。那麼馬車為什麼要用這個標準呢？因為那時候的馬車如果用其他輪距的話，馬車的輪子一定會在英國的老路上撞壞，因為那時路的轍跡的寬度就是 4 英尺 8.5 英寸。而這些轍跡又是從哪裡來的呢？這是古羅馬人所設定的。在歐洲，所有的路都是由羅馬人為他們的軍隊所鋪的，4 英尺 8.5 英寸正是羅馬戰車的寬度。如果有人用不同的輪寬在這些路上行車的話，那他的輪子的壽命都不會長。那

麼，羅馬人為什麼以 4 英尺 8.5 英寸這個距離作為戰車的輪距寬度呢？答案很簡單，這正是當時牽引一輛戰車的兩匹馬屁股的寬度。

因此，我們可以說，今天世界上使用最為廣泛的運輸系統的設計，可能是由 2 千年前兩匹馬的屁股寬度所決定的，這就是所謂的「路徑依賴定律」，或許你會覺得很不可思議，但這的確是事實。

在工作中，因為路徑依賴的緣故，第一份工作的選擇會影響一個人未來的職業發展，因此，我們說首份工作的選擇最為重要，因為越到後面，由於路徑依賴的存在，想要擺脫原已熟悉的職業的成本就越高，風險也越大。例如已經習慣了某種職業環境和工作狀態，並且產生了某種依賴性，如果重新作出選擇，就會喪失許多既得利益。所以建議第一份工作從自己感興趣，同時也是符合自己個性、能力的行業做起，為自己量身訂製一個既具有挑戰性、又不失客觀的職業生涯規畫，並按照規畫一步步走下去，只有這樣才有利於我們的職業發展。

同時，一旦做好了自己認為合適的決定，就要堅定不移地執行下去，當不能確定自己的選擇是否正確時，不妨聽聽親人、身邊朋友的意見，或是找專業的職業規畫諮詢機構尋求幫助。**為了避免工作遭遇「路徑依賴」的困擾，我們一定要保證有一個好的開始；否則，一旦進入不好的路徑，事物就會被鎖定在某種無效率的狀態下，停止向好的方向發展。**

當然，**要從「路徑依賴」中走出去，其實也不是沒有辦法，最重要的一點就是要有「魄力」和「恆心」。**不要因為對某些新興事物不感興趣，就將其拒之千里之外，很多人都害怕放棄已經熟悉的技術和知識等，擔心新事物會帶來這樣那樣的麻煩和風險，如此沒有毅力和恆心，是無法從舊的「路徑」中走出來的。

古人云：「少成若天性，習慣如自然。」在職業生涯中，要想擺脫這種路徑依賴並不容易，一旦我們選擇了自己的「馬屁股」，我們的人生軌道可能永遠就只有這個寬度了，即使日後我們對這個寬度不滿意，想要擺脫都很困難，因此，最好的辦法就是選好自己的第一份工作。

第8章　卓越管理的智慧

讓你的工作更高效的管理經濟學

73 奧坎剃刀定律
把複雜的工作簡單化

奧坎剃刀定律（Occam's razor），是由 14 世紀邏輯學家奧坎的威廉（William of Ockham）提出的。他的觀點是「**切勿浪費較多的東西去做用較少的東西同樣可以做好的事情**」。概括起來，我們也可以這樣理解：「如無必要，勿增實體」。這個定律在 14 世紀的歐洲，曾剃掉了幾百年間爭論不休的基督教神學和經院哲學，使哲學和科學從神學中分離出來，繼而引發了歐洲的宗教改革和文藝復興。此後，其深刻意義更是被各領域廣泛應用。

簡單地說，奧坎剃刀定律的內容就是：保持事情的簡單性，抓住根本、解決實質，我們不需要人為地把事情複雜化，這樣我們才能更快、更有效率地將事情處理好。其實，多出來的東西未必是有益的，相反，會更容易使我們為自己製造的麻煩而煩惱。就像是我們的組織不斷膨脹，制度越來越繁冗，但效率卻越來越低一樣。這都迫使我們使用「奧坎剃刀」，將複雜的事情變簡單。也就是說**當你同時有兩個能得到相同結論的理論時，那麼簡單的那個更好。**

關於這一點有個有趣的故事，講的是美國最大的化妝品公司，經常因為出售的肥皂盒裡面是空的而收到客戶的抱怨。為了防止生產線上再次發生這樣的事情，工程師想盡辦法，用了幾個月的時間發明了一台 X 光監視器，放到生產線上透視每一台出貨的肥皂盒。而同樣的問題也發生在了另一家小公司，他們的解決辦法是買一台強力電風扇去吹每一個肥皂盒，被吹走的則是沒放肥皂的空盒子。同樣的問題，採用了兩種截然不同的解決辦法。顯然，後者更為簡單，更好操作。由此可見，複雜的事物不僅消耗我們過多的精力，也容易使人迷失，只有簡化後才利於人們的理解和操作。

隨著社會經濟的發展，時間和精力已成為人們越來越稀缺的資源。很多終日忙碌的管理者卻鮮有成效，究其原因正是因為缺乏簡單管理的能力和意識，分不清孰重孰輕，結果成為了毫無效率的管理者。

在股市投資中也是如此，我們同樣可以拿起「奧坎剃刀」，把複雜事情簡單化。運用好這條定律，你就會發現其實炒股很簡單，投資盈利也並非想像中的那麼難。

有很多投資者都認為股市是勤勞者的樂園，進入其中，必定要焦頭爛額、左思右想地研究、分析和頻繁操作，也只有這樣才可能取得成功。其實仔細想想，我們不難發現，那些對於股市傾注了大量的時間、財力和精力的人，整天匆匆忙忙，卻還是難以全盤瞭解市場中那麼多的資訊和股票行情，還有不斷出現的新規章和投資新品種。他們總是想著把握一切，但換來的往往只是精疲力竭。那麼，我們應該怎麼做呢？根據奧坎剃刀定律，投資者首先要做的就是簡化自己的投資，要對那些消耗了我們大量時間、金錢、精力的股票加以區分，然後逐步精簡它們。

我們不可能每檔股票都去研究和關注，因為既沒有這個時間也沒有這個必要。要懂得運用奧坎剃刀定律來選股，對眾多的上市公司進行分析，只挑選其中極少數的股票去投資操作。剃掉恐懼、貪婪、盲目、浮躁、輕信、衝動和善變。將複雜、變化多端的股票價格走勢看成一個只有「上漲和下跌」兩種情況的簡單模式。經過了這個過程之後，你就會發現，原來不管上漲還是下跌，都有規可循。

74 績效工資
重賞之下，必有勇夫

績效工資（Performance-related pay, PRP）又稱績效加薪、獎勵工資或與評估掛鉤的工資，是以勞工的工作職位為主，根據職位所需的技術含量、責任大小、勞動強度和環境優劣確定職級，以企業經濟效益和勞動力價位確定工資總量，以勞工的勞動成果為依據支付勞動報酬，是勞動制度、人事制度與工資制度密切結合的制度。

績效工資，主要由 4 個部分組成：基本工資、年齡工資、職位工資、獎勵工資。因為組成結構的多元化，所以相對來說比較客觀，同時也能有力地激發員工的工作熱情。績效，拆開來看就是「業績」加「效率」，這也十分直觀地向我們展示了一個事實，即績效工資，實際上就是靠能力賺錢，憑本事吃飯，所有的資歷與背景都要靠邊站。

利潤是一個企業賴以生存的基礎，因此我們必須有理由接受——在老闆心中，一切人事調動、工資浮動、體制規章都是以利潤為前提的。也就是說，閱歷反映的只是你的從業經歷，資歷反映的只是你進公司的年限，唯有你為公司創造的利潤，才能說明你的能力。至於「績效工資」也只不過是經濟發展的一個產物。現在大部分公司實行的都是績效工資制度，除一定數額的基本工資外，其餘諸如獎金、福利等完全根據個人業績來決定，業績高則收入高，業績低就只能拿基本工資，在保險、銷售等行業更是如此。

在美國奇異公司中，業績可謂占了核心地位。只要你進入奇異，不管你是哪個學校出身，學歷有多高，從前有著多麼出色的工作經歷，都不會被人在意。可以說，所有的員工在最開始就職時都會在同一個起跑點，也都必須重新開始，用今後的業績來證明自己的一切。在這裡，所有員工的升遷都不是論資排輩，而是根據業績和能力來決定的。才華出眾和努力進取的人很容易就脫穎而出，一夜之間連升三級也不是什麼稀奇事，傑克・威爾許（Jack Welch）當上首席執行官時也才年僅 44 歲。

奇異公司有一個被稱為「活力曲線」的有效績效評價方法。簡單來說，就是管理部門會根據業績評估結果，繪製出一條活力曲線，將員工的考核結果從好到差的順序

進行排序，然後再分成三類：排名在前 20% 的為 A 類員工，是公認的最優秀的「明星員工」，對於這些人，公司會為他們提供更具挑戰性的工作崗位，制訂更為詳細的發展計畫，給他們優厚的物質獎勵，如加薪和獎勵股票期權等；排名在中間占總數 70% 的為 B 類員工，這部分人是公司業務成敗的關鍵，因此，公司同樣會給他們提供培訓和提升的機會；排名在最後的 10% 的員工為 C 類，也是公司業績最低的，他們會有 3 ～ 6 個月的時間接受培訓或是轉調其他職位，想辦法在業績上有所突破，如果還是不能為公司增加訂單的話，很遺憾，他們將會被解僱。所以，所有的奇異人都會告訴自己，要時刻審視自己的業績，絕不能掉以輕心，掉入後 10%。

因為奇異的工資是按照以上的 A、B、C 三類發放的，員工工資的漲幅也是依業績而定的，上一年業績的好壞會直接影響下一年的工資增長週期，所以每一名員工都會懷著極大的熱情投入到工作中，公司自然也就會蒸蒸日上。

可見，業績對於員工和企業有多麼重要，企業要想發展，必須靠好的業績，員工要想在事業上有所成就拿到較高的薪酬，也必然要有好的業績。而績效工資制度的實施，就是激勵員工在業績上能有所突破。

企業運行的一切基礎都是利潤，現實就是如此，所以千萬不要責怪你的老闆和企業薄情寡義。績效工資提出的目的，就是要激勵員工努力創造業績，實現自身和企業的價值。如果創造不了業績，縱使你有千般好，萬般優，歸根究底還是等於零，所以說，業績才是無庸置疑的法則。

75 帕雷托效率
管理者要懂得人盡其才

　　帕雷托最適是現代經濟學裡的一個重要概念。它是指在不使任何人的處境變壞的條件下，已經不可能再使任何一人的處境變得更好的一種資源配置狀態。簡單來說，就是如果不讓某個人的處境變差，就不可能讓另一些人的處境變得更好。人盡其才，物盡其用。那麼，這種資源配置的狀況就是最佳的，也是最有效率的，這就是帕雷托效率所要表達的。而如果改善一項政策能夠至少有利於一個人，不會對任何一人造成損害，這就是帕雷托改善，簡單來說就是利己不損人。

　　對於以上的概念，我們可以用一個例子更好地來解釋。觀眾們去看世界盃足球賽，假設這個球場能坐 10 萬人。如果在開場之前已經進場 9 萬人，那麼，這時的球場還沒有進入「帕雷托最適」的狀態，因為還有 1 萬人的位子是空著的，並且即使再進來 1 萬人也不會對原來的觀眾造成影響。所以，再進來 1 萬觀眾的這個過程就是「帕雷托改善」。如果經過帕雷托改善之後，球場已經達到了 10 萬人，這時再進來觀眾，雖然會讓其看到比賽的「處境變好」，但也會使原來的觀眾席變得擁擠，即「處境變差」。所以在達到「帕雷托最適」時，已經不可能在不損害別人利益的前提下改善自己了。就像是我們坐長途汽車，只有滿員的狀態才是「帕雷托最適」。

　　再舉個例子，華羅庚數學競賽上有一道試題：幾個人拎著水桶在一個水龍頭前面排隊打水，水桶有大有小。他們怎樣排隊，才能使得總排隊時間最短？

　　這是一個尋求「最佳化」的題目，要求是節省總排隊時間，達到最佳。我們都明白水龍頭的供水速度是一定的，每個排隊接水的人都要在自己的桶接滿了水之後才走。這樣一來，用小水桶接水的人接水時間就短，用大水桶接水的人接水時間就長。於是我們可以得出最佳化排隊方案：打水的人都按照他們水桶的大小，從小到大排隊。這樣安排，花在排隊上面的總時間最短，也最為合理。

　　但是，這個「最佳化」方案顯然實現不了。往好的方向來評價，這種安排體現了集體主義的精神，從現實點來評價，就是反映了計畫經濟的思維。因為，這個方案要求水桶大的人要重新排隊，和他後面水桶小的人對換位置，可是水桶大的人已經排在

前面了，他怎麼會願意往後去呢？就算我們跟他講往後去可以使總排隊時間縮短，並且他也明白這個道理，可是這樣安排，他要重新排隊就耽誤了很長的時間。所以，在自願的情況下，他並不會同意。

再比如國際上的南北對話，南方的國家大多擁有廉價的勞動力和豐富的自然資源，但缺乏的是技術和資金的投入；而北方國家的情況恰恰相反。如果這兩類國家相互合作的話，那理論上應該是雙贏的，完全達到了帕雷托最適的描述。可事實上，如果我們仔細想想不難發現，其實這並不是我們以為的那樣理想化。南北合作表面上看是兩類國家共贏，可實際上卻存在了很多隱性利益不對等和不公平的現象。我們在日常生活中，總是想找出一些辦法對現有的事物作出一些改變，來使自己獲得更多的利益。就像觀看演出時，總有一些人會站起來踮起腳尖，希望能看得更清楚；排隊時，也經常遇到插隊的人；還有修築院子時，人們總是喜歡把柵欄向外移半公尺多。其實，這些行為都或多或少地侵犯了他人的權益。為此，人們提出了「帕雷托最適」，希望能讓所有的人都受惠，使集體的利益最大化。但是，「帕雷托最適」不管是在市場經濟中還是現實生活中，都只是一個兼顧公平與效率的「理想王國」，現實世界是難以達到的。因為資源均分是有限的，一部分人占有資源，必然會縮減另一部分人的福利。現實生活中，有人有所得，必定會導致有人有所失。

「帕雷托最適」的意思是盡量維護每個人的利益，一直達到某一程度，使得此時任何一人的改進都會以損害其他人的利益為代價。一般而言，如果突出某一人的利益，必定會犧牲其他人的利益，所以不可能同時兼顧所有人的利益。

76 奧格威法則
人才難求，要知人善用

美國奧美廣告公司創辦人奧格威（David M. Ogilvy），在一次董事會上，事先在每位董事的桌前放了一個玩具娃娃。「你們面前的娃娃就代表你們自己，」他說，「請大家打開看看。」當董事們打開玩具娃娃時，驚奇地發現原來裡面還有一個小一號的玩具娃娃；再打開，裡面還有一個更小的……。直到最後一個娃娃上放著奧格威寫的字條：「如果你永遠都只啟用比你水準低的人，我們的公司將淪為侏儒公司。如果我們每個人都任用比我們自己更強的人，我們就能成為巨人公司。」

這就是奧格威法則（Ogilvy's Law），它的內容是：如果我們每個人都雇用比我們自己更強的人，我們就能成為巨人公司。法則所強調的正是人才的重要性。

一間公司之所以業績出色，固然是因為它有高品質的產品，有完善的硬體設施，有雄厚的財力支持，但最重要的還是要有優秀的人才儲備。因為一個公司僅憑資產，並不能帶來任何創新、進步，只有擁有優秀人才，才是最根本的生存之道，這也是古今不變的真理。

秦末民變中，韓信仗劍投奔項梁，項梁兵敗後歸附項羽。他曾多次向項羽獻計，始終不被採納，鬱鬱不得志之下轉而投奔於劉邦的漢軍。漢軍大將夏侯嬰慧眼識英雄，他見韓信言語不凡、氣宇軒昂，頗有大將風度，便向劉邦舉薦，但仍未被重用。後來，劉邦行軍至南郊時，心中鬱結的韓信對著當空明月，仰天長歎前途渺茫，於是策馬而去。蕭何聽說後，來不及向劉邦稟報，趁著月色追尋，天將拂曉，才追及。在蕭何的百般勸慰之下，韓信才答應留了下來。此時，劉邦正意欲收復關中，蕭何又再次舉薦韓信，希望他能得到重用。在蕭何的再三遊說之下，劉邦終於選吉日封韓信為大將軍。從此，文依蕭何、武靠韓信。劉邦終於奪取了天下，建立西漢。

這就是著名的「蕭何月下追韓信」的故事。沒有這一幕的發生，或許楚漢之爭的歷史就要改寫了，足以見得人才的重要性。對於社會經濟高度發達的今天更是如此，無論做什麼，高素質的人才都是必不可少的。中國著名的物理學家錢學森教授，也是幾經周折才從美國回來。出於對人才的高度重視和嚮往，美國的一位高級將領曾給出

了比較具體的答案，他說：「錢學森一個人可以頂五個師。」為此，錢學森被美國扣了 5 年才得以回到中國，而他一回去，便對「兩彈一星」[1]的成功起了必不可少的作用，這就是人才的力量。

大家都知道李嘉誠所統領的長江實業集團可謂人才輩出，各種精英齊聚一堂。在這種人才濟濟的環境中，長江實業集團中所有行政人員和非行政人員的變動卻都是香港所有大公司中最小的，高層管理人員流失率更是低於 1%。這是為什麼呢？李嘉誠對此揭祕：「第一，給他好的待遇；第二，給他好的前途。」

可是在現實生活中，這樣知人善用的情況卻並不多見，倒是「武大郎開店」的現象屢見不鮮，一些管理人員害怕下級的才幹超過自己進而奪了自己的「飯碗」，所以極力地壓制人才，排擠人才，嚴重影響了企業的發展。

正是因為種種顧慮，極大地束縛了一些企業用人的水準，致使很多優秀的人懷才不遇。結果就是，在公司的都是些聽話卻不怎麼有才的平庸之輩，長此以往，公司又怎麼能有發展前途呢。作為一個管理者，一定要有「容才之量」，不妒才、不壓制，要敢於把那些重要的工作任務交給有能力的人來做，這樣才能讓企業在波濤湧動的商海中乘風破浪，奮勇向前。

古人說：「下君之策盡己之力，中君之策盡人之力，上君之策盡人之智。」可見，高明的管理者會讓下屬充分施展才華。因此，一定要給予團隊中有能力的人發揮、表現的機會，給其相應的職權和工作環境，幫他們搭建展現自己的平台，不要總有一種下屬能力過高是對自己權威的一種威脅的心理，只有這樣，企業才有可能發展壯大。

1　核彈、飛彈和人造衛星。

77 二八定律
如何更高效地工作

二八定律也叫二八法則或 80 / 20 法則，是 19 世紀末、20 世紀初義大利經濟學家帕雷托提出的。他認為，在任何一組東西中，最重要的只占其中一小部分，約為 20%，其餘 80% 的儘管是多數，卻是次要的。

二八定律存在於社會經濟中的各個角落，它的本質就是關係不平等的問題。例如 20% 的人占有了 80% 的財富；20% 的投資換來的是 80% 的回報；企業 80% 的利潤來自於 20% 的客戶；20% 的罪犯占了所有罪行的 80%；在家裡，無論是茶几還是地毯，80% 的磨損都集中在 20% 的位置上……。由此我們可以得到一個重要的啟示：我們 80% 的收穫來自於 20% 的努力，而 80% 的精力換來的只是 20% 的成果。那我們不妨放棄那 20% 的成果，把那 80% 的精力放到更有價值的事情上去，這樣，我們就可以提高工作效率，不再盲目地付出了。

IBM 電腦公司可謂最早、也是最成功運用二八法則的一家公司。1963 年，該公司經研究發現，一部電腦約 80% 的執行時間花在了 20% 的執行指令上。據此，公司立刻召集工程師重寫電腦操作軟體，讓人們都能更加輕鬆地去使用電腦。經過重新設計之後，該公司製造的電腦比起其他公司製造的電腦更快，效率也更高。

30 多年之後，1998 年，惠特曼[1]出任 ebay 公司的 CEO。上任不久，她就主持召開了一次會議，討論收縮銷售戰線。通過複檢使用者資料，瞭解該公司銷售情況，惠特曼發現該公司 20% 的用戶創造了公司 80% 的銷售額。這一資訊表明了，這 20% 的客戶成為該公司收益和發展的關鍵。而當公司追蹤這 20% 核心用戶的真實身分時，才發現這些人大都是嚴肅古板的收藏家。據此，惠特曼和她的團隊決定，在收藏家專業媒體及其交易展上加大宣傳力度。這一決策也成為該公司成功的關鍵。

二八定律存在於我們生活的各方面。如果我們能夠知道究竟是哪 20% 的關鍵付

---

1   Meg Whitman，ebay 前任 CEO，現任惠普公司總裁暨執行長。

出，產生 80% 的豐厚收穫，我們就能時刻提醒自己，把主要的時間和精力放在關鍵的少數上。

在生活中，約有 80% 的人只得到了 20% 的收穫，雖然這 80% 的人大都是非常努力和勤奮的，但事實上他們的收穫並不多。因此，在工作中，我們應該講究怎樣提高工作效率，而不是一味盲目做事。我們要考慮怎樣才能以最小的付出獲取最大的收穫。簡單來說，就是如何在工作和生活等領域中做到事半功倍、四兩撥千斤。

第 9 章　緊跟時代的步伐

推開中國經濟大門必知的經濟名詞

78 石油危機
誰為未來「加油」

　　世界上有很多看似毫無關係的事件，背後都有著千絲萬縷的聯繫。中東的一條鐵路修建，非洲的一場暴動爆發，歐洲的一次會談召開，都可能是為了同一個目的，那就是石油。對此，劍橋能源研究協會副董事長丹尼爾‧尤金（Daniel Yergin）曾說過：「石油，10%是經濟，90%是政治。」可見在當代，石油戰略已上升為各個國家政治與外交政策的重中之重。從地中海沿岸到西非的幾內亞灣，從委內瑞拉到俄羅斯，從裏海到波斯灣，一種全新的國際石油戰略格局正在悄然形成。

　　所謂石油危機，是指因石油供應不足，或是石油價格上漲，因而對經濟產生重大影響，導致突如其來的經濟衰退。事實上，當今社會諸如汽車一類的交通工具由於大量依賴石油，使得石油已成為世界工業的「血液」，因此，石油價格上升會對人們的社會生活造成強烈的衝擊也就不難理解了。事實也證明，迄今為止，世界上發生的三次石油危機，前兩次已對整個世界的經濟造成了極大的影響，對此，我們不妨先來回顧一下。

第一次石油危機

　　1973 年 10 月，第四次中東戰爭爆發，為打擊以色列及其支持者，石油輸出國組織的阿拉伯成員國於 1973 年 12 月宣稱收回石油標價權，並將其基準原油價從每桶 3.011 美元提升至 10.651 美元，對西方發達國家實施石油禁運。石油危機引發了繼第二次世界大戰之後最嚴重的世界經濟危機，持續三年時間的石油危機，使得發達國家的經濟遭受慘重的打擊。在這場危機中，美國的工業生產下滑了 14%，日本的工業生產下跌超過 20%，幾乎所有西方國家的經濟都出現負成長。

第二次石油危機

　　1978 年年底，世界第二大石油出口國伊朗政局發生劇變，伊朗親美的溫和派國王巴勒維（Pahlavi）下台，引發第二次石油危機，此時又逢兩伊戰爭爆發，全球石

油產量受到影響，從每天 580 萬桶驟降到 100 萬桶以下。隨著產量的劇減，油價在 1979 年開始暴漲，從每桶 13 美元猛升至 1980 年的 34 美元。這個狀態持續了半年多，此次危機也是 20 世紀 70 年代末西方經濟全面衰退的一個主要原因。

第三次石油危機

1990 年 8 月初，伊拉克攻占科威特後，國際上對伊拉克實行了經濟制裁，伊拉克的原油供應中斷，國際油價因而飆升至每桶 42 美元的高點。美國、英國經濟加速陷入衰退期，全球 GDP 成長率在 1991 年跌破 2%。國際能源機構啟動了緊急計畫，每天將 250 萬桶的儲備原油投放市場，以沙烏地阿拉伯為首的石油輸出國組織也迅速增加產量，很快便穩定了世界石油的價格。

歷數三次石油危機，我們不難從中發現一些共同之處，即石油危機一旦爆發，便會對正處於強盛狀態的世界經濟造成嚴重的衝擊，其根本原因在於石油供給的驟減，會使市場陷入供需失調的危機當中，使得一些需要石油運轉的工業企業進入癱瘓狀態，極大阻礙了世界經濟的發展。

一部分經濟學家認為，全球現在正面臨著第四次石油危機。因為石油的不可再生性，加上需求急速增加造成的供需失衡十分嚴重，在這種情況下，一旦出現風吹草動，比如美元貶值等，都將引發油價暴漲。

那麼，第四次石油危機真的會來臨嗎？客觀來說，此說法尚難成立。

其一，供應未斷，產業調整見效。前兩次石油危機，其主要原因是石油輸出國組織聯合限產與伊朗石油大幅度減產，導致石油供應中斷所造成的。第三次石油危機，根本原因是波斯灣戰爭前伊拉克停止了石油的出口。而目前來看，全球石油供應並未中斷，相反地，石油輸出國組織與其他石油出口國都在加大馬力生產石油，許多國家都已達到產能極限。如今石油漲價，主要歸根於近兩年全球經濟強勁復甦，導致石油需求量大大增加，而生產能力難以跟上需求增長的速度，才會造成供不應求的局面。

另一方面，鑒於石油危機的慘烈教訓，從第一次石油危機開始，西方國家便開始進行產業結構調整，以求減少對石油的直接依賴。以美國為例，自 20 世紀 70 年代末起，美國聯邦政府便制定了資訊技術發展方針，並不斷增加其在經濟中的比例，還有日本和歐盟近幾十年來也對各自的產業結構進行了調整，在節能方面甚至比美國做得還要好。

其二，進口來源多元，油量儲備較為可觀。目前的高油價對世界各國的殺傷力之所以不算太大，相關人士認為，這主要是因為全球大部分能源消費國實行了石油進口多元化的政策，例如美國正在把石油進口來源從中東擴展到非洲，並為此制定了面向全球的能源新策略；日本除了繼續進口中東石油之外，近年來還把目光轉向了俄羅斯，對其油田進行投資開發，以逐漸減少對中東石油的依賴；歐盟也加緊了向裏海地區相關國家進行石油投資的腳步，在石油進口多元化方面邁出了堅實有力的步伐。同時，專家們也提到，美國、歐盟、日本都建立了巨大的石油戰略儲備，做到了「手裡有油，心中不慌」。

　　總之，**石油安全的最基本事實就是保證經濟的正常運轉，並在可接受的價位上生產出足夠的電力與燃料，滿足國民的需求，維護邊境的安全。各國應透過對話和協商的方式來解決因石油問題而產生的分歧與矛盾，不應將石油問題政治化，更不應動輒訴諸武力。**

79 就業危機
誰能擠上獨木橋

　　近年來，越來越多的年輕人面臨著就業壓力，大學生「零薪酬」就業、大學生做清潔工……，這一樁樁事實不斷地衝擊著人們的思想，引起了人們的質疑：既然就業這麼困難，大學生當初花幾十萬元上大學的目的是什麼？既然畢業等於失業，那麼莘莘學子是否還有必要搶破頭去走那座要承受千軍萬馬的「獨木橋」？

　　很顯然，人們對於大學教育的信任在不斷地消失，在大學度過 4 年光陰，投入了時間，投入了金錢，最終大學生卻根本無法獲得最基本的就業保障，培養專業人才的大學似乎成了生產廉價文憑的工廠，這種現狀確實令人痛心。

　　那麼，**「就業危機」是如何引起的呢？**從不同的角度看，主要有以下幾點原因：首先，**最主要的原因就是總體勞動力市場的供需失衡**，即應屆大學畢業生、失業勞工再就業、農村剩餘勞動力轉移等，共同構成了勞動力市場上的龐大供給流，這些在短時間內為中國的就業市場帶來了較大的壓力。大家都知道，中國人口眾多，勞動力總體供大於求的局面在短期內是無法改變的，這種供需失衡的嚴峻局面，就造成了大學生就業困難的基本背景。

　　其次，**中國社會轉型中的結構缺陷也是造成就業危機的主要原因之一**。中國正處於「社會解組」或「社會轉型」的過程中，傳統產業對大學畢業生的需求量減少，高新技術產業成為新的經濟成長點，一些專業面窄、基礎理論研究類的畢業生就業則顯得不景氣；另外，中國各地區的經濟結構很不平均，東南部發展得較快，西北部發展則相對緩慢，因此很多大學生畢業後，都會「孔雀東南飛」，寧願扎根在競爭激烈的大都市，也不願去二、三線城市發展。

　　最後，從世界範圍來看，金融業不景氣也會造成就業危機。2008 年，一場由美國掀起的金融危機，帶給中國的是經濟危機和嚴重的就業危機，特別是出口型企業面臨著經營困難、倒閉的局面，因而就業崗位出現流失，大批人遭受失業的困境。

　　當然，「就業困難」也有大學生自身的原因，很多人明明已經擁有工作機會，卻眼高手低，跳槽繼續尋找新的工作；還有一些人，非自己專業的工作不找，工資太低

的職位不去，這都會引起失業現象。

我們了解就業危機的原因之後，再來探討一下應對就業困難的策略。對於年輕人來說，如何避免受到就業危機的困擾呢？

首先，對於一些在校的大學生而言，從現在起就要轉變自己的就業觀念，切勿非知名企業不進、非高薪不就，一定要增強就業危機感，在大學裡多學點知識，用知識武裝自己的頭腦，用智慧增加就業成功的籌碼。當前，中國主席習近平、總理李克強便號召「大眾創業，萬眾創新」，互聯網創業熱潮席捲而來，**年輕人要有更多創新意識，尋求創業出路。**蕭伯納（Bernard Shaw）曾說過這樣一段話：「征服世界的將是這樣一些人：開始的時候，他們試圖找到夢想中的樂園，最終，當他們無法找到時，就親自創造了它。」說得非常有道理。

工作既不像家庭那樣，會成為我們出生後固有的獨特社會結構，也不像貨架上的商品，可以供我們隨意選擇，工作更像是你的一位朋友或是合作夥伴，既存在，又不一定在眼前，只有透過自我設計與自我定位，才能與其結識。因此，面對嚴峻的就業形勢，**我們有必要好好規畫職業生涯，找到自己感興趣的領域，確定自己的優勢所在，從而明確自己的人生目標。**我們可以思考「我能幹什麼」、「我選擇幹什麼」、「社會可以提供什麼機會給我」等問題，透過對自己的分析，推斷未來可能的工作或創業方向與機會，要知道個體是有差異的，我們要找出自己與眾不同的地方並使之發揚光大。

80 人民幣升值
中美匯率的博弈之爭

　　近年來，中國經濟始終保持強勁的成長，根據統計，2015 年中國 GDP 成長速度 6.9%，同年，全球商品進出口總額，中國居世界第一位。一切的跡象都表明，**中國經濟正以其勢不可擋的衝勁，成為全球經濟成長的主要推動力之一**；但是在這繁華盛世的景象中，有個國家卻坐不住了，它深深感到中國經濟成長帶給自己的巨大壓力，這個國家正是美國。

　　隨著中美貿易順差不斷創歷史新高，美國終於按捺不住，以中國工人奪走美國工人的飯碗，使巨額貿易順差造成巨大損失為由，對中國進行經濟上的「勒索敲詐」，企圖使人民幣升值來緩解美國自身的經濟壓力，尤其是全球金融危機之後，美國更是想借助人民幣升值來逃避其應承擔的金融危機責任，那麼，美國促使人民幣升值的具體原因又是什麼呢？

　　究其原因，主要有兩個方面。首先是從 2001 年開始，美國持續了 10 年的經濟繁榮期結束，經濟開始步入衰退期；再者是當時的總統小布希（George W. Bush）上台後實施的一連串計畫導致財政赤字，其中的大規模減稅帶動了對外國資本的需求，這時，中國等國家便將大規模的外匯儲備投資於美國的國債市場。同時，美國的科研項目也造成了嚴重的赤字，原因是經濟繁榮期過後，美國已經轉變為世界科技的研發中心，對軟實力（文化、技術實力）的看重已經超過對硬實力等物質利益的看重，導致進出口結構發生巨大變化，進口商品不管是種類還是數量都大幅度地增加了；而出口產品主要以技術服務為主，出口商品範圍縮小，這樣一來就導致了美國在經濟上的財政赤字和出口上的逆差現象。

　　正是因為財政赤字，為美元帶來了巨大的貶值壓力，這樣一來，美元就難以保證其價值的穩定性；但是基於美元的國際貨幣地位，作為發行國的美國又無法讓美元持續大幅度地貶值，而同時持有大量美元作為儲備的其他國家，也希望美元的價值能夠穩定，以免自己受到損失，所以，美元無法貶值，就只能要求人民幣升值，以減輕美元的壓力。

再者，由於美國的貿易逆差現象，使得美國在對外貿易中處於劣勢，迫於經濟上的壓力，美國政府發布了新戰略「全國主動出口」，並設立「促進出口內閣」。除了強化貿易規則、加強貿易拓展、方便貿易融資，三管齊下扶助美國企業開拓海外市場外，還幫助美國出口企業「消除海外壁壘」，而其中最大的貿易壁壘就是中國。所以，他們希望人民幣升值，使中國產品在國際上的價格提高，舉例來說，就像是升值前，中國的饅頭在國際市場上是一個 1 元，美國人就可以用 1 美元買 8 個，但是升值後 1 美元只能買 6 個，也就是說中國產品在價格上沒有競爭力了，這樣一來就會減少出口，對中國出口企業造成難以想像的影響。而對美國來說，這樣可以減少對中國的進口，進而幫助國內企業更好地參與競爭，其實這也屬於不公平的貿易保護主義。

　　人民幣升值，的確是有利於美國經濟的恢復，可對於中國而言呢？有媒體曾分析，如果人民幣升值 3% 的話，傳統的勞動密集型產業的利潤將全部為零，因為這個產業的平均利潤只有 3%，那麼，如果升值超過 5% 的話，那對於長久以來的製造業出口將造成極為嚴重的打擊。這樣一來，中國廣東一帶的很多工廠都會被迫破產了，如果升值到 20%，這個後果將難以想像，這就是一直以來中國政府不願意升值的原因，因為這是關係到中國經濟命脈的問題，絕不能重蹈日本的覆轍。

　　換個角度說，**人民幣升值對於有錢人來說，好處是顯而易見的**。就像人民幣對美元的兌換，以前 8.5 元人民幣才能換到 1 美元，現在 6.92 元就可以換 1 美元了，對於出國旅遊度假、購置產業、留學就更加划算。**但對於普通的工薪階層，甚至有害無益**，以前一個賣 0.5 元的饅頭，不會因為人民幣升值而變成 0.4 元；相反地，因為人民幣升值，大量「境外熱錢[1]」湧入，使得物價上漲，最明顯的例子就是現在的房價，這還不算，最要命的就是就業問題，外國企業到中國投資開工廠，就是因為廉價的勞動力，**一旦人民幣升值，企業員工的工資成本肯定會上升，當上升的幅度觸及企業自身的利益時，它們就會撤資尋找更低廉的勞動力，這樣一來，就會造成大批工人失業**。人民幣升值問題是一場中美匯率的博弈，與其他事件交織在一起，事關中國的利益和長遠發展，對此一定要謹慎處理。

1　　在全球各個國家和市場間迅速流動的短期、投機性的資金，目的在於盡量在短期內以錢生錢，投機盈利。

01 中國房價
高得讓你看不懂

俗話說得好：「家以居為先。」住房，對於老百姓來說，與糧食一樣，是生活中最基本的需求之一。無論時代如何變化，觀念如何更新，住房問題依舊是人們最關心的嚴峻話題。尤其是跨入 21 世紀以來，中國房價大幅度攀升，而當收入與房價之間存在巨大落差時，人們對住房問題更加耿耿於懷。很多人不理解，為什麼房價會變得這麼高，高得讓人捉摸不透？為什麼身處社會主義國家卻買不起房子？

為什麼買不起房子，其實是有原因的。首先，就是中國房價與預期不對稱。現在有很多收入不高的年輕人，他們想在市區買房子，除非他家裡非常有錢，否則靠自身的力量，是根本不可能完成的事情；比如一些中等收入的家庭，他們買一間 18 坪的房子不存在什麼壓力，可是很多人為了面子，硬要買一間 30 坪的房子，這樣自然會買不起；再比如一些漂泊在外的高薪白領，本來在市郊買下一間房子基本上是無壓力的，但他們非要買在市中心，那麼壓力自然會增加。

其次，從企業開發的角度來看，會出現一些情況，例如開發的品質提升，建材漲價，地價變高等等，這些都有可能引起房價的上漲，進而使越來越多的老百姓買不起房子。當然，我們不能完全責怪房地產開發商，因為還有一個使房價上漲的「幕後黑手」不得不提——它便是「外資」。大家想想，開發商作為商人，賺取高額利潤是其首要目的，可是各行各業都有商人，不是他們想賺多少就有多少的。根據市場經濟的價值規律，當商品的價格和價值嚴重背離時，會有一種趨向正常價格回歸的力量強烈限制價格的上漲，可在中國的房地產業，這種規律似乎並不起作用，很顯然，有一股力量在維持著房地產業的價格，即托市，那麼，是誰在托市呢？能在房地產業失控時得到巨額利潤的人，就是在托市的人。

眾所周知，中國的外匯儲備在近幾年不斷地增長，這難道是中國人民發奮圖強賺來的嗎？時常關注中國 GDP 增幅的人最清楚，中國外匯儲備的成長速度明顯大於 GDP 的增幅。顯然，除了掙來的一部分，剩下的大部分都屬於「國際熱錢」。「**國際熱錢」湧入中國市場後，首先要兌換成人民幣，於是中國的印鈔機開始沒日沒夜地**

工作，**所創造出的錢統統用來托住房地產市場**，用一般的話解釋，就是要拚命地投資房地產產業，只有這樣才能獲取利益。所以，**即便房地產價格下跌時，還可以透過「托市」再把它抬高，反覆如此，才導致了中國房價越漲越高，人們買不起房是情理之中的事**。高昂的房價，直接影響著人們的生活，最簡單、最直觀的一個現象就是，男大當婚，女大當嫁，可是，有多少愛情死於房價？雖然兩者之間沒有直接關係，但不可否認的是，不管什麼時候，結婚總得要有住的地方。

　　中國有一個歷史悠久的傳統，人們都講「蓋房子娶媳婦」，在現代化的社會裡，這演變成「想結婚買房子」；然而，一間房子的價格對大多數年輕人來說，稱得上是一個天文數字，再者，人們的生活除了住房之外，還有孩子的上學和長者的健康，兩者皆需要做很大的儲備，人們不可能把錢全都用在房子上，在這樣的情況下，人們對保障性住房的渴求就不難理解了。

　　「社會保障性住房」，是指由政府投資興建或收購的，限定建設標準、供應物件和銷售價格或者租金標準，具有保障性質和特定用途的住房。保障性住房與市場上的商品房相比，一個為了公益，一個為了贏利，本質不同。對於人民而言，保障性住房的最大特點當然就是便宜實惠。實際上，在十多年前的住房改革中，保障性住房就已經被欽定為主角，但由於各種原因，它一直站在中國房地產這個大舞台的邊緣，現在，在中國樓市當了十多年配角的保障性住房，終於迎來「變換角色」的時刻。

　　2006 年 5 月，中國國務院發布「中華人民共和國測繪成果管理條例（修訂草案）」，提出 6 條房產調控綱要，明確重點發展中低價位、中小戶型普通商品住房、經濟適用住房和廉租住房。2007 年 8 月 8 日，中國國務院下達「關於解決城市低收入家庭住房困難的若干意見」，明確提出「進一步建立健全城市廉租住房制度」、「改進和規範經濟適用住房制度」以及「逐步改善其他住房困難群體的居住條件」。2008 年，各地政府進一步加大推動保障性住房建設的力量，這表明買不起商品房的人民，有望借助保障性住房滿足自己的基本生活需求，實現並不奢華的住宅夢想。相信隨著保障性住房的推廣，距離實現「廣廈千萬間，百姓俱歡顏」的夢想，將越來越近。

　　另外，**政府加大市政配套的建設力度非常關鍵，在一些偏遠地區形成聚居地，要優先解決交通問題、購物問題，這樣才能形成有效的引導，也就是把不屬於高級商品房的目標人群，從排隊買房的群體中解脫出來，才可能從根本上解決問題。**

02 國際貿易
順差、逆差與平衡

　　有位祖母將一顆橘子分給兩個小孫子，但是兩個孫子都怕對方分到的比自己多，於是兩個小傢伙便開始圍繞這顆橘子爭吵。奇怪的是，祖母看到兩個孫子吵得不可開交卻沒上前阻止，而是將這顆橘子放在桌上走開了。就在這時候，他們的姑姑看到兩個小侄子相互指責，就問他們怎麼回事，兩個小傢伙便告知事情的來龍去脈，姑姑聽完之後，便開始勸說他們，最後在姑姑的監督下終於把橘子分完，開開心心地拿著橘子回各自的房間去了。

　　哥哥回到自己的房間後，將手中半顆橘子榨成橘子汁喝，弟弟回到房間之後，將果肉挖乾淨扔進了垃圾桶，留下果皮，然後拿到廚房洗乾淨加了糖泡水喝。看到這裡，我們或許會覺得，兩個小傢伙都拿到了自己想要的，而且非常公平，其實，這種方法並不完美也不恰當，因為沒有做到物盡其用，也就是說，兩個小傢伙因為事先沒有說明自己的需求，導致最後雙方盲目地追求形式上的公平而沒有最大化地實現各自利益。

　　如果他們能夠各取所需，愛喝橘子汁的哥哥將果皮分給愛喝橘皮水的弟弟，愛喝橘皮水的弟弟把果肉分給愛喝橘子汁的哥哥，那麼雙方的利益就可以達到最大化。將這種交換再放大一千倍、一萬倍即為貿易，如果將這對兄弟換成兩個國家，就是國際貿易。

　　國際貿易，也叫作世界貿易，指的是不同國家或地區之間的商品和勞務的交換活動。 國際貿易由進口貿易（Import trade）和出口貿易（Export trade）兩部分組成，故有時也稱為進出口貿易。

　　國際貿易不僅讓兩個國家或地區之間的等價物品透過交易的方式進入彼此的社會，滿足彼此的需求，同時也把商品生產水準較低的國家與生產水準較高的國家聯結在一起，使彼此透過商品交易來縮小兩個國家之間的社會生產水準的差距，促進世界總體生產水準的發展。隨著經濟全球化的發展，國際貿易已經成為了世界經濟發展的動力來源，但由於各個國家的經濟、文化、科技等發展水準不同，國際貿易的作用也

就不盡相同。比如說，中國屬於政治文化大國，科技方面雖然發展勢頭較強勁但由於起步較晚，算不上有多先進，這就導致中國的出口以科技含量較低的商品為主，而一些科技含量較高的商品就占據中國進口總額很大一部分。

這樣一來，中國的國際貿易總額與國際貿易方式都是以低科技商品來換取高科技商品而實現的，對中國的經濟發展其實十分不利。與中國相鄰的韓國和日本，由於政治、經濟、科技、文化等總體發展水準較高，在與其他國家進行貿易的時候主要以出口高端產品為主，而一些科技含量不高的產業很早就被淘汰了，所以該類國家的國民對一些科技含量不是很高的生活用品需求量較大，主要進口一些與科技較不相關的商品，比如瓷器、服裝等。也就是說，外國出口的是技術，中國出口的是資源，**資源會有枯竭的一天，然而技術卻是會不斷向前發展的**，由此可見，十分有必要扭轉現在的局面。

貿易順差

說到國際貿易，還不得不提到兩個概念，即貿易順差與貿易逆差。**貿易順差，指的是在特定年度一國出口貿易總額大於進口貿易總額，又稱「出超」，表示該國當年對外貿易處於有利地位。貿易順差的大小在很大程度上反映一國在特定年份對外貿易活動狀況。**

貿易逆差

貿易逆差，指的是一國在一定時期內（如一年、半年、一個季度、一個月等）出口貿易總值小於進口貿易總值，又稱「入超」、「貿易赤字」，它反映的是國與國之間的商品貿易狀況，也是判斷宏觀經濟運行狀況的重要指標。

在中國經濟的發展過程中，始終保持著貿易順差的地位，貿易逆差一直被認為是一件壞事，直到後來實踐證明，這一根深蒂固的觀念對於中國經濟的長遠發展並不是有利的。首先，長期的順差會導致中國在與其他國家的貿易往來中爭端越來越多，摩擦也越來越多，為中國經濟發展帶來了一連串的負面影響；其次，長期堅持貿易順差的觀念和政策雖然為中國增加了不少外匯儲備，但也從另一面反映了中國資源利用率沒有達到最大化；最後，在貿易順差政策的引導下，人民幣升值壓力超過預期值，又使得國際資本和大量熱錢流入中國，造成通貨膨脹的局面。

平衡

　　直到 2008 年，**全球金融危機爆發之後，中國開始覺醒，貿易順差的路不能再走下去了，只有「平衡」才是中國經濟未來發展的大方向。**在本次的金融危機中，全球經濟體的目光都落在了中國身上，因為中國這個新興的經濟大國能夠為全球經濟復甦帶來極大的可能性。從 2009 年第三季度中國經濟資料中可以了解到，在金融危機爆發的一年後，中國是世界上唯一保持 8%成長速度的國家。然而，我們也同樣看到了代價，2009 年中國與其他經濟體之間的貿易摩擦不斷，尤其是與美國之間的貿易糾紛比往年都要頻繁。

　　由此可見，**中國在今後的對外貿易中一定要堅持走平衡化發展的道路**，在避免貿易摩擦的同時，也要避免大量的資源型產品輸出，提高中國產品的科技含量，以科技取勝。

03 外匯儲備
中國該不該買美國國債

　　外匯儲備，也稱外匯存底，是指一國貨幣當局所持有、並可以用於對外支付的國外可兌換貨幣的資產。當然，並不是所有國家的貨幣都能充當國際儲備資產，只有在國際貨幣體系中占有重要地位，並且在國際上廣泛流通的貨幣才是外匯，像中國的人民幣，就不能在國際上廣泛交易流通，所以人民幣就不能算作外匯。目前在國際結算中經常使用的外匯儲備的貨幣形式主要有美元、歐元、日元、英鎊等。

　　就中國而言，自 2006 年以來，外匯儲備就已超過日本，成為世界上最大的外匯儲備國家，並且這個數字還在不斷攀升，直到 2010 年 6 月底才有回降的跡象。外匯儲備作為一個國家經濟實力的重要指標，可以說明國家進行經濟調節、實現內外平衡。當本國的國際收支出現逆差時，充足的外匯儲備可以促進國際收支的平衡；當國內市場不協調，總需求大於總供給時，也可以動用外匯組織進口，進而調節市場上的供需關係，促進本國經濟的平衡發展。同時，當匯率出現大幅度波動時，可以利用外匯儲備干預限制匯率，使之趨於穩定。因此，**外匯儲備是實現國家經濟均衡穩定發展必不可少的一個手段，特別是在經濟全球化的今天，各國的經濟都是互相牽制、關聯的，所以外匯儲備尤其重要。**

　　但是，外匯儲備也並非多多益善，近年來，由於中國的外匯儲備規模快速成長，對經濟發展也產生了很多負面影響，這裡我們可以舉個例子。

　　有一天，一個菲律賓人去環遊世界，中途他吃到一種從未吃過的野果子，這種果子只有在中國和歐洲才有，於是他跟朋友商量想要買點帶回去。

　　朋友說：「好，但你要想清楚去哪裡買，由於經濟水準不同，物價水準也不同，這種野果子在歐洲是 1 個 1 歐元，在中國是 1 個 1 元。」

　　菲律賓人說：「那我就用 1 歐元買 1 個好了。」

　　朋友說：「等等，其實你完全可以不用花錢便能得到果子的。你先從中國賒購 1 個果子，到歐洲市場上去換 1 歐元，然後再拿 1 歐元到中國去，那你就可以換 7 個果子了，還給中國 1 個果子，你還白得了 6 個果子。」

菲律賓人說：「這樣也可以嗎？那中國人為什麼不到歐洲去賣個好價格呢？」

朋友說：「因為中國現在重視的只是出口賺外匯，他們認為只有這樣才能保證經濟的穩定安全，即使損失一些資源，也要把中國的商品──即資源型半成品，廉價銷售給外國。中國人就是利用了這一點不斷地賺取外匯；歐洲人就是利用了這個差價，獲取巨額的利潤空間，不斷地到中國進貨、進口半成品。」

菲律賓人說：「難怪中國的外匯儲備居世界第一。」

當然，**高額的外匯儲備也會帶來弊端。首先，外匯儲備過多，勢必增加中國國內人民幣的投放量。**因為**一國如果增加了外匯儲備，那該國就不得不發行更多的本國貨幣，這樣一來，如果幅度大的話，就會引發國內的通貨膨脹，對本國的經濟發展產生負面影響；**而由於增加了基礎貨幣的投放量，在另一方面也推動了貨幣信貸過快成長，除了引發通貨膨脹，也帶來投資擴張、經濟泡沫等一連串問題，增加了銀行體系的脆弱性。為了消除這種負面效應，央行必定會投放一定的成本來發行國內債券，而這其中的發行成本與國內儲備增加帶來的收益相比要大很多，由此，外匯儲備的管理成本也就增加了，因此我們也可以理解為：**一國的外匯儲備越高，與之相應的管理成本也就越高。**

其次，**不斷成長的外匯儲備也加大了人民幣升值的壓力，**就目前來看，中國不斷攀高的外匯儲備狀況使人民幣供不應求，人民幣升值壓力也就加大，但是我們不能忽視的一點是，如果人民幣升值了，那必然會嚴重影響到中國產品的出口競爭力，尤其是現在，出口是中國經濟增長的主要動力，也是中國在經濟危機過後恢復經濟的重要手段。根據統計，中國的外貿依存度已達到 60% 以上，如果出口競爭力削弱了，那不僅會影響中國經濟的發展速度，中國國內勞動力的就業也將受到致命的打擊。而近幾年的事實也證明，外匯儲備的高速飛升也會引發國際上對中國外貿順差和人民幣升值的過分關注，誘發更多的貿易爭端。

最後，**儲備外幣化的風險，經營外匯儲備的資產，主要應以安全性、有效性和流動性有機結合為原則，以安全為第一要素。**中國的外匯儲備主要是投資於美國的國債，這樣就帶來了兩個相關的問題：一是美元近幾年的發展趨勢不佳，匯率下跌，持續貶值；二是中國的外匯儲備有一半以上都是購買了美國的國債，事實上很容易受制於人，尤其在經濟全球化的大環境之下，一旦國際上的風波再起，美國完全可以把中國手中的巨額美元債券予以凍結，對此中國不得不防。

04 全球經濟危機
華爾街的貪婪與無知

2008 年，對於全球經濟來說是一個悲慘的年份，由於信用擴張，虛擬經濟嚴重引起經濟泡沫破裂，世界經濟危機全面爆發。

在整個經濟危機過程中，2007 年次貸危機的出現成為導火線，隨後多米諾骨牌效應逐漸浮出水面，導致一連串的經濟連鎖反應，包括 2008 年 4 月貝爾斯登[1] 破產被託管，7 月兩房（房地美[2] 和房利美[3]）危機爆發引發人們瘋狂到銀行兌換現金，9月初美國政府迫於壓力接管兩房，同月 15 日，美國第四大投資銀行雷曼兄弟[4] 宣布破產，消息傳出之後全球金融股集體下跌，最後，美國五大投資銀行僅剩的兩巨頭摩根士丹利[5] 和高盛[6] 也被迫轉型為銀行控股公司，至此，美國的次貸危機全面升級為全球性金融危機。

此次的全球金融危機，可謂破壞力最大，影響力最廣。究其原因，首先是銀行利用儲戶的存款去做投資、放貸，因為經濟景氣，政策也比較寬鬆，銀行開始大量放貸，放到最後連一些信用不好，沒有還款能力證明的人也發放了貸款（次級貸款）。後來這些人沒錢還不起了，而此時的政策又相對緊縮，銀行就不斷有壞帳產生，儲備金也不足了，等到之後儲戶要去取錢的時候，銀行又拿不出來，大家聽說銀行沒錢了便開始集體恐慌，結果取錢的人越來越多，最後經濟危機爆發。

以下的比喻，清楚、詳細地說明了次貸危機的原因及細節：假如市場上有兩個人賣麵包，每人一天賣 30 個（因為市場上麵包的需求量只有 60 個），1 個 1 元，每

1　Bear Stearns，曾是美國第五大投資銀行與證券交易公司，2008年被摩根大通收購。
2　Freddie Mac，美國第二大政府贊助企業，主要業務在於收購房屋抵押貸款，並發行相關債券以賺取利差。
3　Fannie Mae，美國第一大政府贊助企業，業務範圍與房地美相同。
4　Lehman Brothers，美國國際性金融機構與投資銀行，曾入選《財星》世界500大企業。
5　Morgan Stanley，成立於美國紐約的國際金融服務公司。
6　Goldman Sachs，成立於美國紐約的跨國銀行控股公司。

天產值 60 元，兩人商量了一下，用記帳形式彼此互相向對方買賣 100 個，那麼，交易量每天就變成 260 元，虛擬經濟便產生了。

後來，兩人又把相互買賣的麵包定價為 5 元，這時候，市場上的麵包已經上漲為 3 元了，有些人聽說麵包 1 個賣 5 元，看到市場上只賣 3 元的麵包時，就趕快購買，泡沫經濟便由此產生。

麵包一時之間也做不了這麼快，有人就想著購買遠期麵包，兩人一方面抓緊時間做麵包（每天達 100 個或更多），另一方面賣遠期麵包，發行麵包債券，購買者可以用現金購買，還可以向銀行抵押貸款購買，便是金融、融資介入。

有些人想購買，但既沒有現金又沒有抵押品，兩人就發放次級麵包債券，並向保險機構購買了保險。這些次級債券為次貸危機播下種子，同時也連累了銀行。

有一天，兩人發現積壓的麵包吃也吃不完，存放既要場地，又容易發黴，就立刻開始拋售，哪怕價格低一些，因此泡沫破裂，金融危機就這樣爆發了。隨後，因為市場上每天只需要 60 個麵包，加上原來積壓的，麵包店也開始裁員，造成失業率上升，由此，整個經濟全面崩潰。

此次的金融危機正是因為這樣長期鼓勵、刺激人們超前消費而釀成的惡果。銀行、投機商、政府鼓勵人民買房子、買汽車、買高檔消費品，向人們發放各式各樣的信用卡。「用明天的錢享受今天的生活」、「讓美夢提前到來」，說得天花亂墜，其實這種超前消費，也曾在若干年前帶來短暫的繁榮；但一味地預支未來的購買力，畢竟是「寅吃卯糧」，一時的繁榮，吹起巨大虛幻的泡沫，一旦經濟不景氣，就會出現大批失業者，而還不起貸款，銀行就會把房子收回去，可是在經濟不景氣的情況下，房價也是下跌的，銀行這時收回房子的價值，往往連當初貸出的本金都抵不回來。

在日益全球化的今天，金融危機的爆發波及很多國家，總結危機的經驗教訓，從微觀上來說是由於華爾街金融機構的貪婪、盲目，創新過度、政府監管不到位、歪曲事實及資訊不透明等導致；從宏觀上來說是由於金融衍生工具、產品的氾濫，宏觀調控政策失職，經濟結構不合理等導致的。同時，美國金融危機的教訓也警示我們在**開發金融衍生產品的同時，必須加強相應監管力度，避免金融產品的盲目開發，進而控制風險的規模和程度，因為當風險足夠大時，分散風險的工具也可能變成傳遞風險的管道**，美國的次貸危機就充分說明了這一點。

05 信用卡危機
消費主義的幽靈

關於信用卡的產生，還有這樣一則有趣的故事：有一天，美國商人弗蘭克‧麥克納馬拉（Frank McNamara）在紐約一家飯店招待朋友用餐，就餐後才發現沒有帶錢包，頓時感到無比難堪和尷尬，不得不打電話叫妻子來飯店結帳，這件事讓麥克納馬拉產生了創建信用卡公司的想法。1950 年春天，他把這個想法付諸行動，與好友施奈德合作，一起投資了 1 萬美元，創立了「用餐俱樂部」，也就是大來信用卡公司的前身，該俱樂部專門為會員提供一種能夠證明其支付能力和身分的卡片，會員可以憑卡片記帳消費。

這種在商業活動中廣泛應用的卡片，後來隨著銀行信用的介入，逐漸轉變為以銀行信用為特徵的信用卡，並被人們廣泛應用。尤其是近幾年，「先消費、後付帳」的模式越來越熱門。在拉動內需、刺激經濟發展的同時，也促使了虛擬經濟、經濟泡沫的產生，而它對於金融危機全面爆發所起到的「推波助瀾」的效果，更是讓人們驚恐不已。

次貸危機爆發之後，美國人最擔心的是信用卡危機，信用卡是建立在消費者個人信用和支付能力之上的，同時也表現出發卡機構對未來經濟前景看好的希望，但是如果經濟前景不樂觀，尤其是在金融危機的背景之下，哪個行業都不景氣，投資的效果也就不好，消費者的支付能力降低，信用度也同樣降低，那倒楣的就是銀行了。

就信用卡在美國的發展現狀來看，伴隨著經濟的長期繁榮，美國的信用卡業務一直成長，3 億美國人中有半數以上的人都在使用信用卡，每人平均持卡量超過 5 張，而且，據估計有 14% 的人擁有至少 10 張信用卡。日常生活中，幾乎任何費用都可以透過信用卡支付，如果一張信用卡消費額度以 2 千美元計算，按照 7.5 億張信用卡換算，也就是 1.5 萬億美元的消費額度，即 1.5 萬億美元的消費負債，而這個數字還是保守計算的。

在次貸危機發生以前，美國信用卡的呆帳率差不多是 5%，這個比率已經很讓人擔心了，而截至 2010 年 6 月時，已經飆升到 12%，這個數字所帶來的經濟損失是

驚人的。以往的信貸史顯示，消費者信用卡違約常常在房屋抵押貸款違約之後，因為房子已經抵押給銀行了，銀行至少已經拿到首付或者把房子收回來，而信用卡卻沒有任何抵押物品，也就沒有任何保障，這就造成當消費者陷入經濟困境時，最先想到的往往就是拒付信用卡帳單，並且，消費者一旦申請了破產保護，信用卡債務在法律程序上也是最先被拋棄的。換個方式說，信用卡持有者的抵押物是信用，一旦他們想放棄自己的信用，就可以大肆刷卡揮霍。

特別是在美國的失業率不斷攀升的情況下，更多人選擇用信用卡維持生活，以至於美國最大的信用卡公司──美國運通公司，發布了這樣一個公告：「如果持卡人能夠把自己的欠帳還清，就贈送 300 美元的儲蓄卡」，當然這個前提是持卡人必須把這張信用卡註銷。這代表什麼呢？信用卡公司不得不以金錢的誘惑去鼓勵人們把信用卡註銷，由此可以看出美國所面臨的信用卡危機有多麼嚴重。

中國的人民整體來說消費方式還是保守的，所以並未出現類似美國的情況，但問題卻仍是存在的，由於前幾年發卡限制條件少、甚至過於寬鬆，而在發過卡之後，許多銀行又實行了比美國人還嚴格的標準，結果造成違約率居高不下。

整個「圈地運動」是由各大銀行在 2003 年發起的，當時銀行不僅派人到各大公司的餐廳前拉人辦卡開戶，在街道路口擺攤為人辦卡，到了最後還雇用仲介機構進行促銷。而仲介為了佣金，基本上放棄了銀行發卡的原則，只需要一張身分證的影本就可以辦理信用卡，他們甚至還讓客戶填寫假的收入證明，導致那時的信用卡發行市場相當混亂，也替今天帶來了不少煩惱。說到底，銀行的最終目的就是希望能夠先占市場份額，然後再考慮盈利，結果所有的銀行都想到一起去了，最後每家搶到的也還是那點地盤。

由於辦卡的方便，中國也曾出現過像美國一樣的狀態，即一人擁有多卡；只不過這些卡半數都處於睡眠狀態，造成大量的浪費。現在，信用卡的「圈地運動」已過，各大銀行同樣都面臨著睡眠卡過多和欠帳不還的現象，而且越演越烈，所以許多銀行現在已經不再大量發卡，轉而實行風險管理。許多人都認為大洋彼岸的美國人與中國的消費觀念差距太大，他們日益膨脹的信用卡呆帳黑洞與中國並無多大關係。不妨來看看和中國習慣相近的韓國人，韓國信用卡持有量在 1999 ～ 2001 年迅速增長，總發卡量超過 1 億張，而韓國的勞動人口也不過 2 千 2 百多萬，這就意味著這些人每人平均擁有 4 張以上的信用卡。

究其原因，就是在 1997 年亞洲金融危機後，韓國政府為了盡快恢復經濟，實行鼓勵消費信貸以刺激經濟的政策，明確規定不接受信用卡的商家將會被制裁，而使用信用卡的手續費由信用卡公司承擔。在這項政策的鼓勵下，韓國人逐漸開始改變消費習慣，大量進行信貸消費。儲蓄率從 1995 年的 35.5%，一下降到了 2003 年的 27.3%，與此同時，在 2003 年年底，信用不良者達到了 360 萬人，同年，韓國也發生了信用卡危機，那時，信用卡債務拖欠比率達到了 11.2%，創了歷史紀錄，大批信用卡公司虧損嚴重、面臨破產。

　　經歷過此次金融危機，我們應該看到，**這場金融風暴真正的罪魁禍首並非某些人所講的信用消費模式本身，而是對這種模式使用過度造成的。**就中國目前狀況來看，提高信用消費或許是拉動內需的有力措施，能推動消費需求，刺激市場經濟，但是這種消費模式要謹慎使用，以免與韓國發生同樣情況。中國信用卡行業必須從這場金融海嘯中吸取更多的經驗教訓，明確未來發展方向和自身的實際情況。

06 貨幣戰爭
破譯美元的「達文西密碼」

　　貨幣戰爭，作為全球金融危機的產物，無疑是「美元統治」和「美元霸權」在資本主義經濟危機時期的一種集中且極致的運用。同時，也是「美元霸權」走向衰落過程中的一次劇烈掙扎，其主要意圖在於轉嫁經濟危機過後的損失、掠奪人民及其他國家的財富。

　　就 2010 年來說，美元的全球「匯率戰」策略十分明顯，世界都看穿了美元透過匯率貶值避債的意願，該意願所帶來的後果就是其他採用浮動匯率機制的貨幣「被升值」。

　　從泰國到新加坡，從韓國到巴西，全球很多經濟體都感受到本幣對美元升值的強大壓力，因為在「被升值」之後，這些經濟體出口甚至金融安全與穩定，都要面臨嚴峻的挑戰。對此，相關人士分析，美國連續不停地啟用印鈔機，分明是想「私人債務國家化」，然後再將「國家債務國際化」，力圖藉由貨幣貶值與輸出通脹來化解眼前的債務，處理本國經濟長期累積的過度負債問題。

　　關於以上美國在經濟危機過後試圖以貨幣為媒介來轉嫁危機的說法，我們不妨具體展開來說。

　　首先，在全球經濟危機過後，美國最典型且最具體的作法就是增發貨幣、輸出通脹。就短期和中期來看，由於美國在國際貨幣體系中占據核心位置，美國聯邦儲備系統大量增發的貨幣，用不了多長時間就會透過貿易及資本流動等管道湧進其他國家，這樣一來，任何奉行開放經濟的國家都無法獨善其身。由於眾多發達國家的金融機構都背負著沉重的不良資產負擔，因此，它們首要的任務就是盡快提高資產品質，即使現金充裕也不會直接投資於中小企業，而是會購買所謂的高品質資產。在這種情況下，氾濫成災的熱錢將會流向中國、巴西等新興熱門市場，隨之而來的就是抬高股票，房價、物價飛速上漲，最後泡沫越來越大，通貨膨脹嚴重。懂經濟的人都知道，通貨膨脹與資產泡沫從來就不只是單純的經濟問題，同時也是複雜的政治和社會問題。

　　其次，就是收緊貨幣、資本逆流，從較長的時間距離來看，輸出通貨膨脹壓力算

不上貨幣災難中的最大衝擊，正如大水之後常有大旱一樣，以重新收緊貨幣政策為特點，貨幣戰爭的第二階段，將引發大規模的資本流動逆轉與債務危機。

正如 20 世紀 70 年代「尼克森衝擊[1]」，引發西方各國貨幣競爭性貶值的貨幣戰爭中，西方主要經濟體皆步入「奔騰式通貨膨脹」時期，然而利率水準提升卻相對滯後，導致 1974～1977 年扣除通貨膨脹之後的倫敦銀行同業拆借利率連續 4 年為負，1975～1980 年的平均實際利率為 0。1970～1980 年平均實際利率也只有 0.4%。在這種情況下，其他國家紛紛加大力度利用西方債務來融資，即使與西方陣營敵對的社會主義國家也不例外。

然而，到了 20 世紀 80 年代初期，這場後發國家債務融資的盛會卻因美國聯邦儲備系統主席保羅・沃爾克（Paul Volcker）鐵腕推行的緊縮貨幣政策而告終。他的鐵腕造就了「耶穌以來最高的實際利率」，且長時間居高不下，美國優惠利率從 1976 年的 6.8%，提高到 1981 年的 18.9% 與 1982 年中的 15.3%。歐洲貨幣市場的倫敦同業拆放利率從 1976 年的 6% 提高到 1980 年的 11.6% 與 1981 年的 14.3%，債務融資條件驟然惡化。

以 1982 年墨西哥無力償還外債而引發全球性債務危機為開端，20 世紀 80 年代發展中國家債務危機的重災區——墨西哥、阿根廷、巴西、委內瑞拉、象牙海岸、多哥共和國、奈及利亞等國相繼陷入了「失去的十年」，波蘭外債危機更是催生了團結工會，由此啟動了蘇聯東歐社會主義國家劇變的歷程，當年，中國也與墨西哥式債務危機幾乎是擦肩而過。

總而言之，貨幣戰爭是殘酷無情的，是強國利益集團用來掠奪國際資產的管道。他們主導了世界的經濟情勢，將債務與責任留給了普通大眾。

1　Nixon shock，1971年，美國總統尼克森為擺脫越戰時期人民失業、通貨膨脹、國際貿易赤字等問題，斷然實施新經濟政策：放棄金本位制、停止美元兌換黃金、徵收10%進口附加稅。這些政策導致國際經濟動盪，其中又以日本受創最重。

07 金融
財富到底流向了哪裡

2007 年 7 月，美國次貸危機爆發，2008 年秋天，次貸危機進一步演變為全方位的金融危機，對全球經濟形勢造成嚴重衝擊，帶來了失業、破產、政治動盪等一連串的嚴峻挑戰。這時候，很多人都在問：金融到底是什麼？金融有什麼作用？危機之後，金融市場是否會被人類所拋棄？金融交易除了讓華爾街、金融界賺錢之外，對社會中的普通人到底有沒有貢獻、有沒有創造價值？現在，我們便從頭來說。

我們經常說這個世界苦樂不均，有窮有富，因為如此，錢用不完的人就成了資金的供給者，錢不夠花的人就是資金的需求者，資金的供給者與需求者可能是個人、企業、政府還可能是金融機構，總之，可以是任何機構或個人。

我們都知道，有供給與需求的地方就有市場，那麼，當資金的供給者與需求者同時存在的話，也就有了「資金市場」，或稱「金融市場」。之後，透過在金融市場上交易，需求者與供給者都能得到滿足，其中資金從供給者流向需求者的過程就是資金融通，簡稱為「金融」。

再具體一些來說，金融是貨幣流通和信用活動以及與之相聯繫的經濟活動的總稱，廣義的金融泛指一切與信用貨幣的發行、保管、兌換、結算、融通有關的經濟活動，甚至包括金銀的買賣；狹義的金融專指信用貨幣的融通。

金融市場的交易活動較為複雜，根據市場上交易的信用工具的期限，通常分為貨幣市場與資本市場。融資在一年以上的是資本市場，在一年以內的是貨幣市場。

貨幣市場，主要是政府、銀行及工商企業發行的短期信用工具，具有期限短、流動性強和風險小的特點。貨幣市場由同業拆借市場、票據貼現市場、可轉讓大額定期存單市場和短期證券市場四個子市場構成。

先簡單來說一下拆借市場，每家商業銀行因為其業務收支狀態不盡相同，所以一天下來，有的收入小於支出，有的收入大於支出，收入小於支出叫作「少頭寸」，收入大於支出的叫作「多頭寸」，頭寸也就是款項的意思。辛亥革命之後，袁世凱做了總統，1914 年，他決定要改革幣制，發行新貨幣，新貨幣的正面就印有他的頭像，

人們稱為「袁大頭」，而 10 個袁大頭的厚度剛好是一寸，因此銀行把款項稱為「頭寸」。同業拆借市場就是銀行之間融出或融進頭寸的市場，資本市場包括金融機構面向企業的貸款市場以及債券市場、股票市場、基金市場等，其中又以股票市場最為人們所熟知。

資本市場的主要功能就是融資，讓有所需者有所得。融資的方式有兩種，一種是透過商業銀行獲取，這種叫間接融資。「間接」在其中的意思是資金的需求者和供給者並非直接交易，而是隔著商業銀行，就像是銀行借貸，存款人把錢存進銀行，貸款人去銀行申請貸款，他們互不相識，而是銀行將他們聯繫在一起。當然，銀行並不會白做，它必定會從中獲利，這個「利」，就是貸款人所要支付給銀行的利息。

另一種是直接融資，資金的需求者和供給者直接聯繫，沒有中間人。像是股票市場，當一家上市公司首次公開募股的時候，投資者的錢就會直接進入上市公司的帳戶，可以說股票融資十分便利優越。馬克思（Karl Marx）對此大為讚賞：「假如必須等待累積去使某些單個資本成長到能夠修建鐵路的程度，那麼恐怕直到今天世界上還沒有鐵路，然而，集中透過股份公司，轉眼之間就把這件事完成了。」

整體來說，直接融資與間接融資各有利弊。直接融資的好處在於法律約束相對寬鬆，獲得的資金數額也比較多、比較快，成本也相對低，缺點就是如果資信度不足的話，很可能就募不到錢，並且募股需要披露詳細資訊，不利於保守公司的商業祕密。

間接融資的優點在於獲取資金比較有保證，也不用披露企業的詳細資訊；缺點就是法律要求較高，貸款規模受到銀行本身資產規模和業務的限制。就像是中國的商業銀行都有的貸款指標，並且還要受到貨幣政策變動的影響，例如在 2008 年上半年，為了控制通貨膨脹，銀行採取大力收縮信貸的措施，而在第四季度又為了刺激投資和消費，不得不急劇擴張信貸規模，在一個月內就增加了 1.6 萬億元的信貸。

總之，直接融資與間接融資的優劣都只是理論上的，並沒有絕對的好壞之分，因為社會經濟的需要，它們將長期存在，儘管資本市場在近年越來越不可或缺，但是由於銀行是資本市場的基礎，所以間接融資並不會因此而衰退。對於企業來說，究竟是選擇哪種形式好，取決於融資者的自身需要，也取決於市場與制度。

經濟，為社會的經濟；金融，為社會的金融，因此，無論是經濟還是金融，都是與社會密不可分的。**金融在以其特有的方式作用於經濟的同時，也在作用於社會，不但使得交易更為便利，更重要的是引領了社會經濟的發展。**

泡沫經濟
破裂前的瘋狂

　　我們都會被肥皂泡的七彩絢爛所吸引，也都明白肥皂泡越大、越光鮮漂亮，離它的破滅也就越近，而且這種破滅是瞬間發生的，也是毀滅性的。在經濟學裡，有一種現象與肥皂泡非常相似，就是「泡沫經濟」。

　　簡單來說，泡沫經濟就是一個過熱、不正常的市場，蜂擁著太多的買家，購買力太強烈，結果導致價格飛速上漲，到了最後，價格已經完全背離其真實價值。當這種情形越來越無法持續下去時，有些人逐漸意識到危險性，然後開始拋售。直到後來所有人都一起賣出，使得其價格下跌的速度比上漲時還要飛快。就這樣，由於人們恐慌性拋售導致價格急劇下降，泡沫就此破裂，整個經濟過程中，進入市場較晚的那批人遭受了毀滅性的打擊。

　　其實泡沫經濟早在 400 年前的西歐就出現了，只不過它的主體不是房子，也不是股票，而是鮮花──鬱金香。

　　當鬱金香從地中海一帶傳入西歐時，善於研究的荷蘭人很快就培育出更具觀賞性的變種鬱金香，由於稀少、罕見，在輿論吹捧和宣傳之下，人們對這種變種的鬱金香呈現出一種瘋狂、病態的傾慕與熱情。這些鬱金香球莖的價格飛漲，成為當時投機者獵取的對象，大批投機商囤積鬱金香球莖以待價格漲得更高。1636 年，表面上看起來不值錢的鬱金香，竟然能換到一輛馬車、幾匹馬。直至 1637 年，鬱金香球莖的總漲幅已達到 5900%，最貴的變種鬱金香的價格居然可以買到一棟房子。由於市場過熱，現貨交易已經難以滿足需求，期貨交易隨之產生，投資者的隊伍越來越壯大，在這之中，不知有多少人高息貸款來投機。

　　然而經濟泡沫的破裂，瞬間毀滅了所有人的發財夢想。1637 年 2 月 4 日，人們驚奇地發現，鬱金香球莖的價格一瀉千里，暴跌不止，市場幾乎轉瞬之間就全面崩潰了。那些欠著高額債務的投機商們手中的球莖變得一文不值，每天都有人自殺，社會動盪不安，最終導致整個國家陷入經濟危機之中，這就是著名的「鬱金香事件」。

　　與上述的事件不同，在現代社會中，所有投機商們都清楚市場泡沫的存在，也都

明白它會有破裂的一天，因此他們都想在泡沫破裂之前盡可能地賺大錢，而實際上要給出泡沫破裂的準確時間表卻很難。賣家的貪婪和野心越強烈，他們挺到最後的時間也就越晚，泡沫破裂時賠得也就越慘。

「沒人會在賺錢的時候破產」，可惜人們在利益面前通常是盲目的，偏要等到這個山芋烤得燙手甚至要焦掉時，才伸手把它從烤箱裡拿出來，這不只是危險，也是愚蠢，因為當下跌開始的時候，也就是它結束的時候，一切都太快了，想要全身而退已經太晚了，結局必然是毀滅性的打擊。

泡沫經濟絕不是一種正常的現象，在我們做投資的時候要時刻觀察市場，關於市場監管和政府調控，這些都只是他們的工作職責，千萬不要太寄望於他們。記住，沒有人比你更關心你自己的錢，**隨著市場價格上漲，看準時機脫手賣出才是明智之舉，也是遏止市場泡沫、保持資產配置穩定以及避免風險過大的有力之舉。**

參考文獻

《經濟學原理》〔M〕曼昆 著／梁小民、梁礫 譯／北京：北京大學出版社，2009

《我們的日子為什麼這麼難》〔M〕郎咸平 著／北京：東方出版社，2010

《寫給中國人的經濟學》〔M〕弗蘭克 著／閻佳 譯／北京：中國人民大學出版社，2010

《寫給中國人的經濟學》〔M〕王福重 著／北京：機械工業出版社，2010

《18 歲以後懂點經濟學》〔M〕凡禹 著／北京：新世界出版社，2010

《20 幾歲每天學點經濟學》〔M〕鄭治偉 著／北京：現代出版社，2009

《每天學點經濟學》〔M〕張立娟、王彩霞 著／北京：金城出版社，2009

《20 幾歲要懂點經濟學》〔M〕林智 著／北京：中國紡織出版社，2009

作　　者　韓佳宸
編　　輯　邱昌昊、黃馨慧、鄭婷尹
封面設計　劉錦堂、曹文甄
內頁設計　曹文甄
內頁排版　菩薩蠻數位文化有限公司

發 行 人　程顯灝
總 編 輯　呂增娣
主　　編　翁瑞祐、羅德禎
編　　輯　鄭婷尹、邱昌昊、黃馨慧
美術主編　劉錦堂
美術編輯　曹文甄
行銷總監　呂增慧
資深行銷　謝儀方
行銷企劃　李承恩

發 行 部　侯莉莉
財 務 部　許麗娟、陳美齡
印　　務　許丁財
出 版 者　四塊玉文創有限公司

總 代 理　三友圖書有限公司
地　　址　106 台北市安和路 2 段 213 號 4 樓
電　　話　(02) 2377-4155
傳　　真　(02) 2377-4355
E-mail　　service@sanyau.com.tw
郵政劃撥　05844889 三友圖書有限公司

總 經 銷　大和書報圖書股份有限公司
地　　址　新北市新莊區五工五路 2 號
電　　話　(02) 8990-2588
傳　　真　(02) 2299-7900

製　　版　興旺彩色製版印刷有限公司
印　　刷　鴻海科技印刷股份有限公司

初　　版　2017 年 02 月
定　　價　新台幣 320 元
I S B N　978-986-94212-3-2（平裝）

為了活下去必備的
88個經濟學關鍵詞

別傻了！
經濟學
很重要！

SAN YAU
http://www.ju-zi.com.tw
三友圖書
友直 友諒 友多聞

國家圖書館出版品預行編目 (CIP) 資料

別傻了！經濟學很重要！為了活下去必備的 88
個經濟學關鍵詞 / 韓佳宸著 .-- 初版 .-- 臺北
市：四塊玉文創, 2017.02
　　面；　公分

ISBN 978-986-94212-3-2（平裝）

1. 經濟學 2. 關鍵詞
550.41　　　　　　　　　　　　　106000765